AF449748

Las autoimPUTAdas

ARMANDO M. SCHAROVSKY

Las autoimPUTAdas

Desde el #MeToo al #YoNoSabia

Serie ATRAPADORES DE CULPAS
Volumen 1

EDITORIAL
LETRA MINÚSCULA

Obra de tapa: Óleo de la pintora mexicana Marcela García Rodríguez.
Ilustración interior: Moisés Nova Gurumeta.

Primera edición: abril de 2020
ISBN: 978-84-18149-51-1
Copyright © 2020 Armando M. Scharovsky
Editado por Editorial Letra Minúscula
www.letraminuscula.com
contacto@letraminuscula.com

AGRADECIMIENTOS

A Ana Maria Leiva
*Alumna de Madrid, España,
que bautizó nuestra tarea
como "ATRAPADORES DE CULPAS"
a la manera de los "Atrapadores de Sueños"
de los indios americanos.*

A Marcela Garcia
*Excelsa pintora mexicana
(www.marcelagarcia.com)
y entrañable amiga, que plasmó con su arte
la imagen perfecta de lo que deseamos transmitir.*

A María Teresa Forero
*Que enmendó pacientemente las previsibles
fallas de redacción.*

A Moises Nova Gurumeta
Por su ilustración que resume en un dibujo
todo nuestro mensaje.

A Anahi Scharovsky
Que con amor de hija, pero con
un fino sentido crítico
me permitió reformular y mejorar
muchas páginas de este libro.

A Silvia Neiman
Scharovsky
Que es mi mejor discípula, y que
ha tomado la posta
para que la Hipnosis Clínica Reparadora
siga creciendo y difundiéndose.

...Y sobre todo
a Nelly Duer
Mi esposa, mi amiga, mi mejor mitad
porque hemos alumbrado juntos
cada página de este libro.

ANTES DE EMPEZAR

Las costumbres han cambiado con el tiempo: hoy nadie lee más que las primeras cinco líneas de cualquier escrito y solo continúa con la lectura si se despertó su interés.

Nadie ve tampoco una película si previamente no ha visto un trailer que le describa de qué trata la misma y le muestra las escenas más impactantes.

Por eso quiero, antes del inicio, explicarle de qué hablaremos y a quien le puede resultar útil la lectura de estas páginas. Y también decirle que han sido escritas así, en lenguaje sencillo y sin tecnicismos ni citas bibliográficas, voluntariamente.

De qué hablamos

Asistimos en todo el mundo a un verdadero despertar de la conciencia sobre el maltrato que ha sufrido desde siempre la mujer. En forma casi milagrosa ha comenzado a desaparecer el "*De eso no se habla*" y centenares de mujeres han comenzado a abrir sus almas y a relatar abusos, violaciones y malos tratos sufridos en la infancia. Y cada vez que una mujer alza la voz y lo dice, otras mujeres comienzan a revisar su pasado y, muchas veces, "descubren" que les pasó algo similar.

Pero aunque ya pasó bastante tiempo desde que en octubre de 2017 comenzó en todo el mundo el **#MeToo** no hemos encontrado referencias a la circunstancia verificable de que

Por cada tres o cuatro mujeres que lograron recordar un abuso, hay una o dos que sufrieron lo mismo, pero NO LO SABEN.

Y lo peor es que, en reemplazo del recuerdo, hay síntomas: anorgasmia, fibromialgia, jaquecas, baja autoestima, tartamudez, esterilidad, angustia, depresión y muchos más. Los síntomas son como un monolito recordatorio de un trozo de historia borrada, son como esa cruz que a veces descubrimos en un campo y que nos informa que abajo hay un cadáver. Es la manera que tiene el cuerpo de hablar de lo que la boca calla.

A quienes va dirigido este libro

A las mujeres abusadas
Porque lo peor no es lo que les pasó, sino lo que les continúa pasando. Suelo decirles a mis pacientes:

> *Si fuiste violada o abusada,*
> *no hay nada que yo pueda hacer*
> *para que no hayas sido violada o abusada.*
> *Porque el pasado está cerrado, inalcanzable.*
> *Pero sí puedo ayudarte para lo que te sucede*

ahora, dado que las niñas violadas se sienten
culpables y se fabrican castigos...
Porque, de alguna manera, hasta que no
interrumpas este proceso, es como si,
cada noche, volviera a pasarte lo mismo

A las mujeres no abusadas

Muchas de ustedes, aunque lo ignoran conscientemente, atravesaron situaciones similares. Y es muy difícil que en su entorno (hijas, hermanas, amigas, compañeras, conocidas) no haya otras mujeres que sí lo atravesaron y estén necesitadas de su comprensión.

A los hombres

Por lo mismo que dijimos recién. Se puede tratar de sus hijas, sus hermanas, sus amigas... Y si están alerta, quizás hasta puedan evitarle a alguien esa terrible experiencia.

A los profesionales de la salud

A los médicos, los psicólogos y los psiquiatras. Porque muchas veces ponen todos sus esfuerzos en sanar una fibromialgia o una depresión con el arsenal médico o psicológico habitual, desconociendo nuevas formas de abordaje que pueden solucionar esta problemática en tiempos muy breves.

Y, sin ánimo de generar polémicas, también incluimos aquí a los otros profesionales que, desde distintas trincheras, luchan por aliviar el sufrimiento de la gente con reiki, biodescodificación, homeopatía, acupuntura y otras tantas disciplinas similares.

Y sobre todo a los periodistas y los comunicadores sociales

Porque de nada sirve disponer de agua clara, fresca y limpia, si el sediento ignora su existencia. Porque hay mucha gente que sufre sin saber que existen nuevas soluciones para sus problemas.

Esa gente confía en ustedes. Por eso son ustedes los indicados para llevarle esta luz de esperanza...

DEL #MeToo AL #YoNoSabia

Los cambios culturales tienen largos procesos de incubación, hasta que un día estallan.

El 14 de mayo de 2011, una camarera del Hotel Sofitel de Manhattan, Nueva York, denunció que el Director General del Fondo Monetario Internacional (FMI) Dominique Strauss-Kahn, la golpeó, intentó violarla y la obligó a tener sexo oral. El acusado, además del importante cargo que ocupaba, era el candidato socialista francés al que todas las encuestas pronosticaban como el futuro presidente de Francia. Fue detenido y estuvo seriamente comprometido ya que se hallaron restos de su semen en la ropa de la camarera. Finalmente, la empleada fue presionada legalmente por irregularidades en su entrada a USA y el caso concluyó con un acuerdo económico. Aunque también le costó su carrera política a Strauss-Kahn.

¿Qué sucedió luego, qué otra trascendencia mundial tuvo?

Ninguna.

... Pero el fenómeno estaba pronto para explotar.

En octubre de 2017, más de 80 mujeres, incluyendo entre otras a Asia Argento, Cate Blanchett, Salma Hayek y Angelina Jolie, acusaron de acoso sexual, agresión sexual o violación al productor de cine y ejecutivo estadounidense Harvey Weinstein y, ahora sí, todo cambió. La expansión de las redes sociales ocurrida en esos seis años transcurridos, facilitó que el fenómeno se extendiera como un incendio en un bosque.

Alyssa Milano disparó el 15 de octubre de 2017 el hashtag **#MeToo** invitando a las mujeres a tuitear sus experiencias, a perder el miedo... Ese mismo día, la frase fue utilizada más de 200.000 veces y en Facebook el hashtag fue utilizado, según Wikipedia, por más de 4.700.000

de personas en 12 millones de entradas, tan solo en las primeras 24 horas.

En todo el mundo, centenares y miles de mujeres que habían guardado silencio, o que no habían encontrado recepción para sus quejas, elevaron sus voces. Y el tema que al principio se extendió en el mundo del cine, continuó creciendo y creciendo. Primero al mundo del espectáculo y luego a toda la sociedad: también al mundo de las empresas, a los políticos y a la Iglesia.

Además se convirtió en el núcleo de un movimiento integral que intenta devolver a la mujer el rol central que siempre debió haber tenido, que lucha contra la violencia machista, contra la discriminación, etc.

¿Y en Argentina?

La denuncia pública efectuada por la actriz Thelma Fardín, en diciembre de 2018, contra el actor Juan Darthés, de haberla violado cuando tenía 16 años, apoyada por el colectivo Actrices Argentinas, tuvo también un efecto explosivo instantáneo. Una bailarina del programa Show

Match, María del Cerro, se quebró en cámara y contó que fue abusada por dos personas a los 11 años; actrices como Araceli González, Graciela Alfano, Eva de Dominici, Reina Reech, periodistas como Romina Manguel, militantes políticas, empleadas y mucha gente de distintos ámbitos comenzó a liberarse del peso del secreto cargado durante mucho tiempo. El efecto *contagio* hizo que muchas mujeres comenzaran a revisar sus pasados, y como quien busca ratas en su desván y con miedo, vergüenza y asco se dieron el permiso de traer a la memoria episodios dolorosos.

Pero ha pasado mucho tiempo, y todavía nadie ha hablado de un tema muy importante derivado de este:

**MUCHAS MUJERES HAN SIDO
ABUSADAS O VIOLADAS,
A VECES DURANTE AÑOS...
¡PERO NO LO RECUERDAN!**

Por ejemplo:

Una paciente llega a la consulta psicológica. Tiene jaquecas. O no puede rendir sus últimas tres materias para recibirse de médica. O tiene soriasis. O carece absolutamente de libido. O tartamudea. O tiene una pésima autoestima. O sufre desde hace años de fatiga muscular crónica sumada a una dolorosa fibromialgia. O ...

Casi todas comparten un detalle curioso: tienen pocos recuerdos —o ninguno— de su niñez.

"¿Es posible que alguien haya sido abusada durante años y no lo recuerde?", es la pregunta que he escuchado formular muchísimas veces a interlocutores incrédulos.

Y la respuesta es: SÍ.

Lo hemos verificado cientos de veces. **Y de eso trata este libro:** De acudir en rescate de una enorme cantidad de personas que se inquietan por las víctimas que han sido abusadas o violadas, ignorando que gran parte de esa angustia, de esa preocupación, tiene sus raíces en su propia historia ignorada.

¡YO NO SABÍA!

Desde enero de 2001 hemos dictado cientos de cursos en todo el mundo (Argentina, Uruguay, Chile, México, Colombia, Ecuador, España, Portugal e Israel) enseñando la técnica que hemos desarrollado, que llamamos HIPNOSIS CLÍNICA REPARADORA (HCR) ®. Es una aplicación práctica de trances ligeros, donde el paciente **no está nunca dormido o inconsciente**, con el objetivo de concentrar su atención en un punto focal, para permitirle re-vivir los sucesos de su infancia tal como ocurrieron realmente. Llamamos a este proceso REGRESIÓN A LA NIÑEZ.

Lo que caracteriza a este recurso, es que reaparecen en la memoria no solamente muchos sucesos bloqueados, olvidados o reprimidos, sino también las emociones originales asociadas a los mismos. Por eso, nos resulta usual escuchar a adultos llorar como niños porque, por ejemplo, su hermanito lo culpó injustamente y la madre le creyó y lo castigó.

En esos cursos, los alumnos se ejercitan entre sí y, muchas veces, resulta asombroso el material reprimido que emerge, con solo acercarse de manera positiva a quien cumple en esos momentos el rol de paciente. Cada ejercicio se comenta luego en ronda, para que todos se enriquezcan con la práctica de todos. Veremos a continuación uno de esos casos, donde una alumna: CLAUDIA C. descubrió, con mucha sorpresa para ella, que había sido abusada desde los 4 años hasta los 9, por su abuelo, que era hasta ese momento un familiar muy querido.

Más adelante, en este libro, describiremos extensamente las técnicas que utilizamos y reproduciremos con detalles algunos casos que servirán de ejemplo. Pero ahora lo que queremos es marcar la sorpresa y el dolor con el que la paciente se enfrentó a ese trozo de su historia recuperado.

Esto es lo que contó:

"Bueno... Estoy un poco nerviosa porque fue una experiencia que no me esperaba... Ni bien me senté, dije: Bueno... yo no quiero trabar la puerta de la infancia... (En el ejercicio hemos imaginado puertas que conducen a la infancia o a hipotéticas vidas anteriores) *Porque si hay algo, hay que limpiarlo... lo hablamos entre todas...*

¡No esperé lo que vi!

Había cosas en mi vida que no cerraban, pero nunca entendía por qué... Bueno, descubrí que tuve un abuso de muy chica, muchos años, con mi abuelo que era una persona que yo adoraba...

Y, es más, hasta después de irme, pensé: ¿Lo habré inventado eso?

Porque la verdad es que esto es... muy complicado... Y empiezo a entender algunas cosas que me pasaron: Yo no podía dejar a mis hijos con nadie... Nunca pude dejar que me los cuide nadie...

Ni siquiera mi mamá cuando eran chicos... Mi abuela se enteró... Y cuando se enteró, porque nos vio, ¡me pegó una terrible paliza!

Me gritó, que yo era una puta, que la culpa era mía, que yo...que lo que hacía yo, provocaba a mi abuelo. Que él era un buen hombre...

Esto se prolongó desde los 4 hasta los 9 años... porque cuando yo tenía 10 años mi abuelo falleció... ¡Y me quise morir cuando empecé a ver todo eso!..

Mi abuelo tomaba también... Tomaba anís...Y yo siento el olor a anís y siento un asco... ¡Terrible!

Son un montón de cosas que estaban incompletas...

Y aparte, yo me decía: "¿Cómo puede ser que no me acuerde estas cosas? ¿Cómo puede ser? Es más, hasta pensaba: No, capaz que lo inventé, porque... No sé... Porque necesito encontrar un justificativo... No sé...

Pero después empiezo a hilar y a pensar, cosas que pasaron, miedos y un montón de cosas que no puedo entender ni superar... ¡DE LA VIDA DE MIERDA QUE ME CONSTRUÍ!

Y en realidad... Estaba todo... Pero totalmente borrado... ¡Borrado! ¡Juro que no sabía que me iba a encontrar eso!...".

Pero recordar, es solamente el primer paso. Lo que buscamos es REPARAR las consecuencias: Las niñas violadas se sienten culpables, muchas veces apoyadas por los mayores como en este caso por la abuela, y se fabrican castigos que, generalmente, están vinculados con la falta de derecho a ser feliz, o a ser exitoso, o a formar familia, o a infinidad de maneras originales de convertir la vida en algo miserable.

Como es muy difícil imaginar las emociones a partir de la lectura de un texto, lo invitamos a ver la filmación del informe de Claudia a sus compañeros. Son solamente 5 minutos que le darán respuesta a uno de los interrogantes más repetidos: "¿Es posible que alguien haya sido violada o abusada por años y no lo recuerde?". Y la respuesta es, indudablemente, "¡SÍ!"

Para constatarlo, entre por favor a **www.hipnosisclinicareparadora.com/yonosabia**

A partir de esa terapia, Claudia pudo hacer muchos cambios que ella misma detalla en su testimonio. Y cuando solicitamos su autorización para subir la filmación que la expone públicamente, nos contestó que la regresión le había ayudado muchísimo a ella. Y que si su testimonio le podía servir aunque sea a **una** mujer para hacer algo similar, valía la pena.

Y nos envió este testimonio:

"El principal escollo que encontré al comenzar con este escrito fue como universalizar mi vivencia para que aquellas mujeres que la lean, puedan hacerla propia y de esta forma abrazarla y tener el valor de tomar la decisión que tomé yo, y fue rápida la solución: **ABRIR EL CORAZÓN** *y es lo que hago a continuación.*

En el comienzo tuve que asumir que mi infancia no fue más que una ficción montada a la perfección por mi inconsciente para permitirme seguir adelante escondiendo el sufrimiento tan terrible al que había sido sometida. Sé que fue duro, difícil y demasiado doloroso atravesar esta experiencia porque tuve días muy oscuros, tristes y complicados; pero todo fue necesario para que hoy pueda decir que tomé la decisión de **SER FELIZ**, *dejé de escuchar esas voces que* me repetían sin cesar que **"ERA MALA Y NO MERECÍA SER FELIZ".**

Después de afrontar la turbulencia (que fue larga), pude terminar mis estudios universitarios (me recibí de abogada carrera que nunca había podido terminar), divorciarme de mi marido y perder el miedo al "qué será de mí sin su aporte económico" y formar una pareja sana con un hombre que me apoyó y me sostuvo en los momentos difíciles y poder apostar a una vida juntos. Puedo aseverar que se puede volver a tener sueños y hacerlos realidad.

Y por último contarles que decidí compartir mi historia (sin sentirme avergonzada) con todas aquellas que han vivido lo mismo que yo y todavía no han podido sacar a la luz todo este dolor para volver a nacer, porque sé fehacientemente cuanto bien me ha hecho aceptar LA VERDAD, me ha hecho LIBRE. Sólo se necesita VALOR.

¡Las abrazo!
CLAUDIA C."

UN POCO DE ANTECEDENTES

La Hipnosis ha sido durante mucho tiempo, casi una mala palabra.

Todos hemos contemplado desde niños esos espectáculos donde un señor de voz tronante les daba órdenes ridículas a personas que lo obedecían como mansos corderitos, que luego al despertar no recordaban. Eso, cuando no se trata de trucos amañados como la prestidigitación, corresponde a fenómenos de trance profundo a los que puede ser sometido en tiempos tan breves, solo un pequeño porcentaje de la población muy sugestionable, apenas un 15 o 20 %.

JEAN-MARTIN CHARCOT (1825-1893) fue un prestigioso neurólogo francés que a finales del siglo 19, en el Hospital de la Salpêtrierè en París, se enfrentó al enigma médico que representaba la histeria, esa aparición de síntomas extraños que se atribuía exclusivamente a las mujeres (*"Histeria"* viene la palabra griega *"hister"* que significa "útero") y que él consideró un desorden neurológico no necesariamente femenino.

Como observó la semejanza entre los fenómenos hipnóticos (parálisis, analgesia, etc.) y los de la histeria, concluyó que la hipnosis en sí era un fenómeno histérico y que, por eso, solamente las histéricas podían ser colocadas en hipnosis. Y comenzó a utilizarlo para enfrentar los síntomas, pero lo usaba como una pulseada contra el síntoma:

—*"¡No puedo tragar!*

—*"¡Traga!"*.

Con Charcot se formó **SIGMUND FREUD (1856-1939)**, el padre del psicoanálisis.

Freud no era un buen hipnotizador: esto no lo decimos nosotros, lo dijo él. Además, la hipnosis que se buscaba alcanzar en esa época, era profunda, catatónica y alucinatoria, difícil de alcanzar para la mayoría de la población. Y entonces dirigió su atención al síntoma.

Y llegó a la conclusión de que el síntoma es la expresión de un conflicto interior, es la forma en la que el cuerpo del paciente "habla" de aquello que carece de palabras. Que hay una parte interior que desea algo y hay otra que lo reprime, y que ambas son eliminadas de la conciencia y reemplazadas por el síntoma.

Y, con bastante lógica, dedujo que si con la hipnosis hacemos desaparecer un síntoma sin haber resuelto el conflicto que estaba detrás, es altamente probable que el cuerpo fabrique otro nuevo para "hablar" del mismo, síntoma que podría ser peor que el que creímos haber curado.

Abandonó entonces el uso de la Hipnosis a la que condenó, diciendo que era solamente un maquillaje y que, además, era peligrosa.

Y desarrolló entonces el Psicoanálisis. Su idea original era lograr "hacer consciente lo inconsciente", suponiendo que cuando el paciente lograra hacer la asociación entre el síntoma y ese trozo de historia borrado o reprimido, cuando pudiera hablar de eso con palabras, el síntoma iba a caer por innecesario.

Y desarrolló un largo camino para escuchar al inconsciente, que entendió que se manifiesta principalmente a través de los sueños, los chistes, las asociaciones libres y los actos fallidos, esas equivocaciones involuntarias que nos delatan.

La importancia de su obra hizo avanzar el conocimiento de la psiquis y del alma humana. Pero sirvió también para relegar a la hipnosis exclusivamente al mundo de los espectáculos.

Y así fue, hasta el giro que le dio a la misma **MILTON ERICKSON (1901-1980)**, psicólogo, médico e hipnoterapeuta americano. Otro de los grandes, como Freud; de esas personas que, en el campo en que actúen, dan un salto cualitativo importante, que luego nos impide imaginar cómo sería el mundo si ellos no hubieran nacido, como, por ejemplo, Newton o Einstein en la física, etc.

Para Erickson la hipnosis es un fenómeno de la comunicación

Para él *"toda comunicación es hipnótica,*

porque modifica la realidad interior del que recibe el mensaje".

Si estuviéramos hablando... y yo modificara el tono de mi voz disminuyendo su volumen... y comenzara a describir un paisaje... un atardecer a la orilla de un lago tranquilo... mientras el cielo se pone rojizo... haciendo pausas... con voz monótona... A mis oyentes se les modificarían el ritmo cardíaco, su respiración, la dilatación de las pupilas y muchos otros indicadores orgánicos, solo porque yo cambié mi discurso y la manera de expresarlo.

Las enseñanzas de Erickson han influido en todas las ciencias de la comunicación, en la publicidad y también en los enfoques terapéuticos, principalmente a través de la Hipnosis Ericksoniana (que no fue desarrollada por él sino por su viuda y uno de sus discípulos) y la Programación Neurolingüística PNL.

Él creía que todos nacemos con todos los recursos para enfrentar los problemas. Que como todas las conductas son aprendidas, si tenemos un síntoma —que es una manera de reaccionar frente a un estímulo— podemos "aprender" una manera mejor, más adecuada o menos dolorosa de responder a esos estímulos, sin necesidad de esclarecer la historia, el origen de la conducta reemplazada.

La utilización de la hipnosis por Charcot se llamó "Conductismo" porque "ordenaba" una conducta en reemplazo de la otra. La de Erickson es "Neoconductista" y su principal diferencia es que no prohíbe sino que enseña o faculta una conducta mejor, en el convencimiento de que el inconsciente va a elegir siempre la más placentera, la más eficaz o la menos dolorosa.

La HIPNOSIS CLÍNICA REPARADORA ®, que es el nombre que hemos elegido para denominar a nuestro enfoque, tiende un puente entre Erickson y Freud.

Porque entendemos la hipnosis a la manera ericksoniana: también para nosotros es un fenómeno de la comunicación y no trabajamos para lograr profundizarla dejando a nuestros pacientes en estados de inconsciencia o parálisis; utilizamos solamente trances ligeros o medios,

donde el paciente no está jamás inconsciente, porque precisamos dialogar todo el tiempo con él.

Pero la utilizamos para lograr lo que buscaba el Freud de la primera época del Psicoanálisis: encontrar el trauma que se esconde detrás del síntoma, y alcanzar la cura o la mejoría, haciendo consciente lo inconsciente.

Hemos logrado por otro camino, lo mismo que buscaba Freud; hablar con el inconsciente, interrogarlo y escuchar su respuesta. Y lograrlo en una o dos sesiones.

Como sabemos que esto les puede parecer fantasioso y pretencioso a muchos terapeutas, cuando transcribamos sesiones de pacientes, incorporaremos comentarios técnicos. Si a usted la parte teórica no le interesa, puede saltearse la lectura de los mismos, porque —insistimos— este no es libro de enseñanza sino de divulgación.

PUNTOS DE PARTIDA

Todo saber está estructurado alrededor de conceptos básicos, que se dan por supuestos y que ni siquiera se mencionan.

Pero cuando en el avance del conocimiento humano, las ideas y los modelos de comprensión van mutando, es preciso fijar de nuevo y claramente, las ideas básicas, los paradigmas que están implícitos y que sostienen estos nuevos desarrollos.

Veamos entonces algunos conceptos básicos, que forman parte de nuestra manera de entender el mundo.

La unidad del yo

Se suele creer que el "YO" es una unidad, y por eso se afirma: "Yo soy trabajador", "Yo soy puntual", "Yo soy cordial", etc.

Contrariamente a esto, nosotros creemos que la *contradicción* es la base de la conducta humana. Todos somos contradictorios por naturaleza. De manera similar a los músculos que existen en pares antagónicos, para cada cosa importante todos tenemos —por lo menos— un par opuesto. Si yo tengo dentro mío a un Armando trabajador, tengo también a un Armando haragán, si tengo a un Armando puntual seguramente tendré a uno impuntual; si tengo a un Armando cordial debe haber uno hosco, huraño. Y lo que es más importante: Todos son **auténticos**, todos son **verdaderos**, todos son Armando.

Esta última afirmación es muy importante y contradice, básicamente, las creencias en boga. Porque quienes creen que la gente es de un solo modo, suelen suponer, cuando aparece un rasgo inesperado en alguien, que han estado siempre

engañados respecto a esa característica, y que ese rasgo desconocido es el **verdadero,** que esa es su personalidad **real.**

Por ejemplo: Un amigo nos ha salvado cien veces facilitándonos dinero, pero un día nos dice que no, y el pensamiento que surge dentro de nosotros es: *"¡Ah, te descubrí! ¡Al fin mostraste quien eres! ¡Mucho hacerte el buenito, pero ahora, por fin, se te vio la cara!"*. No importarían entonces los cien favores recibidos, porque como creemos que la gente es blanca o negra, las buenas acciones anteriores debieron ser simulacros, intentos de engañarnos. Nos resulta imposible suponer que es de ambas maneras **simultáneamente.**

O un paciente viene a la consulta y nos dice: *"Me debo estar volviendo loco, porque quiero recibirme y antes de los exámenes salgo de juerga y no puedo rendir. Quizás es que no tengo vocación"*. Y la explicación es más sencilla: *"Una parte interior tuya quiere recibirse y otra parte quiere lo contrario, o tiene miedo de lograrlo, o no cree que te merezcas tener éxito.*

Y todas son verdaderas. Lo que debemos hacer es hablar con esa parte interior tuya y tratar de entender sus razones, en lugar de pelear con ella".

Porque, en verdad, el "YO" de cualquier persona es como una sociedad, y si esa persona es habitualmente laboriosa, es porque su parte trabajadora tiene más acciones en la sociedad que su parte haragana. Pero su parte haragana también es socia. Y muchas veces va a tener que negociar con ella y, si puede, va a tener que darle algún gusto.

Si quiere una comprobación, recuerde cuantas veces ha "escuchado voces" dentro de su cabeza que discuten entre sí:

"No quiero ir a esa fiesta porque no me aprecian".

"No importa. Tienes que ir y demostrarles quien eres".

"Claro, y mientras ustedes discuten ya son las 10 de la noche y no vamos a llegar a tiempo..."

Y así...

Un buen modelo de comprensión es la película de animación americana de 2015, llamada

"INSIDE OUT" en USA y que en Latinoamérica se llamó "INTENSA-MENTE" y en España "DEL REVÉS"; donde se muestran las emociones básicas de una niña: Alegría, Miedo, Desagrado, Ira y Tristeza, como personajes autónomos en constante diálogo entre sí.

Esta forma de entender al otro y de entenderse a uno mismo es muy fértil.

La próxima vez que hable con su amigo, o con su hermana de algo importante, aplique este razonamiento, sin olvidar que también usted es una suma de personajes contradictorios. Y que si en ese momento lo está conduciendo a usted, su sub-personaje hosco o poco sociable, mejor deje su respuesta para otro momento.

El niño interior y la posibilidad de hablar con él

Seguramente habrá leído muchos textos referidos al "Niño interior". Pero siempre el abordaje es casi filosófico. Lo que hemos podido verificar, es que el niño interior de nuestro paciente, y también el nuestro y el de todos, no ha muerto.

Continúa vivo. **Está vivo dentro de nosotros.** Es uno de los sub-personajes interiores de los que hablamos en el párrafo anterior. Y muchas veces, los pensamientos que aparecen en nuestra mente provienen de él.

Cuando, por ejemplo, estamos absolutamente bien calificados para un cargo y nos presentamos, muchas veces escuchamos una vocecita interna que nos dice: "*No te presentes porque igual nadie te quiere, y no te van a tomar*", o una joven pronta a verse con un muchacho escucha una que le dice: "*Soy fea. No me va a mirar o, peor aún, se va a burlar de mí*". Esto puede suceder, aunque en ambos casos, otra parte de nuestra cabeza sepa perfectamente que eso no es cierto. Que las cosas —como todo en la vida— podrán no concluir bien, pero que no será por las razones infantiles que aparecieron en nuestra cabeza.

Y ambas, la parte niña y la parte adulta conviven todo el tiempo, por lo que intentaremos que, como resultado de la terapia, la parte adulta le dé protección y serenidad a la parte niña.

Qué es estar en regresión

Otra de las maneras de verificar que el niño interior continúa con vida, es ver y oír a un paciente en "regresión".

Cuando la gente "recuerda" su niñez, su yo interior está ubicado en el presente y su atención está enfocada en el pasado. Y entonces está en condiciones de evocar lo que él cree que le sucedió. Y los recuerdos acuden, pero desprovistos de emoción, compuestos solamente por información.

Así, podemos "recordar" que en la escuela se burlaban de nosotros porque nuestro calzado era muy pobre o estaba roto, pero no sentimos la ira, la vergüenza y la tristeza que eso nos causaba.

Y está bien que sea así: es un recurso de la mente no consciente[1] para evitar quedar enredado

---

1. MENTE NO CONSCIENTE: Es la manera en que denominamos a toda la información que está en nuestra mente, pero fuera de la consciencia. Es similar, aunque no idéntico, al INCONSCIENTE de Freud, y por eso, por respeto a pacientes y terapeutas psicoanalíticos, la hemos denominado distinto.

en cada situación penosa que hayamos atravesado, para evitar continuar sangrando por cada herida recibida.

En cambio, cuando estamos en regresión, nuestro yo interior se desplaza imaginariamente en el tiempo hacia atrás, hacia el momento en que las cosas sucedieron, se *"presentifica"* el pasado, o sea que el pasado se convierte circunstancialmente en presente y se re-vive lo ocurrido. Y ahí sí, vuelven las emociones originales: el miedo, la ira, la impotencia, la desesperación, la soledad, todo. Es un verdadero tsunami emocional que sacude todas las defensas creadas por la mente no consciente para sobrevivir. Por eso es que, en nuestro enfoque terapéutico, ese niño despertado y obligado a re-vivir situaciones desagradables debe sentirse acompañado. Por esa razón, en Hipnosis Clínica Reparadora nosotros tocamos al paciente, al niño del paciente: le tomamos la mano, o el brazo, o le ponemos nuestra mano en su cabeza. Porque en la vida real, solamente un niño que se sienta acompañado *de verdad* por un adulto, se va a animar a entrar en su habitación a oscuras y a echar a sus fantasmas de abajo de la cama o de dentro del armario.

Es muy impresionante ver por primera vez, a un paciente en regresión. Porque delante de nosotros hay un señor de 50 o una joven de 30, que comienzan a hablar y gesticular como niños de corta edad, y se ríen y lloran y hacen muecas similares a la de los niños pequeños. Si entra en **www.hipnosisclinicareparadora.com/dvdlibro** podrá ver adultos riendo, gimiendo o llorando como niños, e inclusive boqueando como un bebé por nacer al que le falta el aire.

Pero lo importante es que no nos conformamos con espiar el pasado, sino que logramos hacerle recobrar la voz a ese niño que nunca murió y que solo estaba expectante e ignorado dentro del cuerpo del adulto... En consecuencia podemos también dialogar con él, razonar y explicar. Y también logramos —y eso es central en nuestro modelo terapéutico— convencerlo para que cambie alguna de las decisiones que tomó oportunamente.

La memoria subjetiva es falsa

La memoria subjetiva, esa que nos cuenta qué nos sucedió en la niñez, **siempre es falsa**. Lo que yo recuerdo que me sucedió a los cinco años, es una película que filmó un niño de cinco años. Y que nunca revisó nadie. Quizás, cuando yo tenía esa edad le pregunté lloroso a mi papá: *"¿Por qué mamá tuvo que ir al hospital?"*.

Y me contestó: *"¡Por tu culpa! ¡Porque tú nunca le haces caso y la haces renegar!"*.

Y quizás mi mamá se internó para hacerse un aborto o una operación de várices…

Pero yo, al terminar el año, cerré la película en una lata (en aquella época las películas se filmaban en rollos de celuloide y se guardaban en latas cerradas) y afuera colgué una tarjeta que decía:

"NENE MALO. Por su culpa su mamá fue a parar al hospital". Y seguramente me inventé un castigo.

Además, como todos vemos al mundo desde adentro **nuestro**, a través de **nuestros** ojos, en esa película solo aparece nuestro interlocutor, la persona con la que hablamos. Pero **nuestra** imagen, no aparece nunca. **YO** no aparezco jamás. Y por eso perdemos la proporción del suceso.

Imaginemos que un adulto le ofreció caramelos o juguetes a mi paciente, cuando era pequeña, a cambio de algo, y que ella accedió y por eso cree que dio su "consentimiento", aunque solo se trate del consentimiento que puede dar una criatura. Pero además, le propuso un pacto de silencio: "*No se lo cuentes a nadie. Mira que este es nuestro secreto*". Como en la filmación que se halla en su memoria se ve solamente a la otra parte, ella se siente tan responsable como si hubiera tomado ese compromiso la semana pasada. No ha quedado registrada en su memoria la desproporción del "*pacto*" de un adulto de 50 años convenciendo a una niña de 5, de que están asociados en un ocultamiento, que se van a enojar con *ambos*. Interiormente, cuando ella lo recuerde, va a sentir la responsabilidad por haber hecho esa concesión...

Por esa razón, una de nuestras principales

herramientas terapéuticas es la que llamamos "Tercerización": volver a contemplar la escena, pero interpretada por un tercero.

En el ejemplo del caso, pondríamos a una niña de 5 años conocida por nuestra paciente —si pudiera ser alguna de sus hijas o nietas, mejor— para que su parte adulta viera desde fuera, por primera vez, eso que no estaba en su registro original, la imagen de una niña pequeña que, por supuesto, no puede asumir la responsabilidad de nada de lo que pueda haber ocurrido en su trato con un adulto, y que no puede haber otorgado ningún tipo de consentimiento válido.

Por eso, consideramos imprescindible **romper ese recuerdo subjetivo** y reemplazarlo por el registro de lo que **realmente** ocurrió.

La mente no consciente del paciente tiene las respuestas

El paciente, la paciente, llega a la consulta con sus problemas, esos que ha arrastrado por largo tiempo. Por ejemplo, carece de libido, de deseo sexual, o se deja maltratar sin defenderse... Y, por supuesto, ignora conscientemente el origen de esos síntomas.

Nosotros creemos que las respuestas están, íntegramente, dentro de ella. Que **su mente no consciente siempre sabe por qué le pasa lo que le pasa,** y que si se lo preguntamos siguiendo algunas reglas, **si logramos que confíe en nosotros,** nos lo dirá.

Nosotros imaginamos la relación que existe entre la mente no consciente y la mente consciente del paciente, como la que hay en cada familia entre los adultos y los niños: Todos los que hemos atravesado la experiencia de ser padres, o de convivir con niños, sabemos que en cualquier casa hay hechos y sucesos que se mantienen fuera del conocimiento de los pequeños, o que se les permite conocer, pero en una versión "ligth" y edulcorada.

Y eso se hace, no para perjudicarlos, sino para protegerlos, para evitarles dolores innecesarios.

De manera similar, cuando una niña es tocada, abusada o violada, su inconsciente elimina ese trozo de la historia, o solo permite un recuerdo parcial, como *"No me gustaba quedarme a dormir en casa de mi tío Julián"* , sin saber conscientemente que ese tío la violaba.

Pero, como esa información está, inalcanzable por el momento, pero está, vamos a tratar de convencer a la mente no consciente para que la comparta con nosotros, para hacer que nuestra paciente deje de sufrir inmerecidamente.

La culpa infantil y los castigos

Así como los hombres primitivos, frente a cualquier cataclismo suponían que los dioses estaban enojados con ellos, se sentían responsables de lo sucedido y trataban de aplacar su ira mediante sacrificios y ofrendas, los niños, en el trato con los adultos, quedan casi siempre ubicados en el lado de la culpa.

Una niña violada o abusada se siente sucia, **intrínsecamente SUCIA**. Cree generalmente, que las cosas *son así*, no se siente víctima sino causante, responsable o, como mínimo, cómplice.

Esto no se refiere solo a lo sexual, sino prácticamente a toda su relación con los "Dioses", con los adultos.

Hay culpa si Papá y Mamá se separan: Los adultos discuten por el comportamiento de los niños o porque la sopa está fría. Y la razón no son ni los niños ni la sopa, la razón es que el amor, la argamasa que los unía, se acabó. Pero los niños lo ignoran y se sienten culpables.

Hay culpa si muere un hermano: Porque quizás en algún momento de una pelea normal entre hermanos pensó "*Ojalá te mueras*" o quizás luego de la muerte tuvo el pensamiento fugaz de "*¡Por fin voy a poder dormir en la cama de arriba!*".

Hay culpa si han presenciado o intuyen infidelidades maternas o paternas: muchas veces acompañan —por ejemplo— a la madre a un patio de juegos donde quedan un buen rato y luego mamá les dice: "*Si papá te pregunta, dile que estuvimos en casa de la Tía María*", o descubren a papá en una situación de intimidad con la mucama.

Hay culpa si no han traído el sexo deseado por los padres: si no son el varón que soñó papá o la compañerita que esperaba mamá.

Hay culpa si aumentaron las estrecheces económicas en el hogar luego del nacimiento.

Hay culpa por una y mil razones.

Pero el problema no termina allí: el problema **comienza** allí.

Porque los niños se inventan castigos. Castigos terribles que duran de por vida.

Castigos que una vez dictados, quedan afuera de la consciencia, pero que rigen inexorablemente el destino del paciente, tal como los programas instalados deciden el comportamiento de una computadora, de un ordenador.

"No merezco tener éxito", *"Nunca tendré un título universitario"*, *"No merezco ser mamá"*, *"No merezco un buen hombre como compañero"*, son parte del repertorio. Y muchas enfermedades sintomáticas lo son. Y también lo son muchísimas enfermedades llamadas "autoinmunes" donde es el organismo el que se ataca a sí mismo.

La elección de malas parejas

Muchas veces llegan a mi consulta pacientes con esa inquietud: *"No sé por qué elijo mal mis parejas"*. Y entonces yo les explico que no es así, que, en verdad, "Eligen bien a *parejas malas*"

O sea, que no les falla la intuición para elegir algo bueno, sino que aciertan en elegir algo malo.

Y, en consecuencia, la pregunta, correctamente formulada, debería ser: *"¿Por qué elijo para mí algo malo?"*.

Y la respuesta generalmente es: "Porque no te consideras con derecho a algo bueno".

Y la explicación a este mandato se halla, casi siempre, en resoluciones infantiles tomadas para castigar la "culpa".

LA TRAMA OCULTA DE CADA HISTORIA

Cada caso que nos ha tocado investigar es distinto, porque cada uno de nosotros y su historia son únicos. Pero eso no significa que no existan patrones repetidos, que con sus variantes individuales, se reiteren en las distintas historias.

Desde ya queremos aclarar que no estamos enunciando leyes universales por las cuales **todos** los casos **deban ser** de una determinada manera. No estamos diciendo que esto sucede **siempre**. Estamos diciendo que esto **sucede**. Que sucede **muchas veces**. Y que es imprescindible que se sepa.

Muchas de nuestras pacientes que recién se enteran al revivirlas en una sesión intensa de regresión, han atravesado terribles experiencias que no recordaban, aun cuando esas experiencias puedan haberse desarrollado a través de años... Y es así, porque su mente no consciente las ha borrado de la memoria usual como mecanismo de defensa...

Pero en muchas ocasiones han hecho antes largas terapias con excelentes profesionales, *que jamás se enteraron* de lo que les había ocurrido *realmente* a sus pacientes, y por eso, aunque pudieron ayudarlas a sobrellevar mejor su problema, ese auxilio no alcanzó para encontrar el problema y sanarlo o superarlo de verdad.

Las técnicas usuales de los pederastas

Los seres humanos contamos con zonas erógenas: lugares que han sido previstos por la naturaleza para crear, encender y estimular el deseo sexual, la excitación. Esas zonas están provistas de multitud de terminaciones nerviosas capaces de generar oleadas de sensaciones placenteras ante su estímulo.

Los que han tenido la posibilidad de acompañar

en el crecimiento a niños y niñas, seguramente han observado que antes de la maduración sexual, alrededor de los 8, 9 o 10 años, nace el pudor sexual y, de pronto, no quieren ser vistos cuando se bañan, cuando se cambian, etc. Ese pudor posibilita que, cuando, un tiempo después, comiencen a desarrollarse sexualmente, ya hayan aprendido a proteger sus partes íntimas.

Pero, ¿qué sucede cuando una niña es estimulada en su zona clitórica antes de su maduración sexual? Lo esperable es que se excite. Que sienta sensaciones incomprensibles pero... gratas, "ricas" como dicen en Centroamérica.

Esto lo saben y lo usan los pederastas.

Todos hemos cambiado los pañales a una niña, o la hemos bañado, o la hemos sentado sobre nuestra falda y eso no nos convierte en sospechosos. Pero los pederastas, aprovechando esa intimidad justificada socialmente con los menores, sobre todo en el ámbito familiar, comienzan generalmente de esa manera su plan.

Lo asombroso es que, casi siempre, las niñas detectan casi de inmediato que algo "no está bien". Su intuición les dice que la manera en que ese tío o ese amigo de la casa las toca, no es la correcta.

Y su reacción inicial es la de confusión y parálisis. Esta es una reacción usual en la naturaleza cuando un animal pequeño se siente acosado o amenazado por uno grande y siente que no puede huir, queda inmóvil. Pero si el agresor ha realizado correctamente su perverso plan, esa parálisis inicial se prolonga después en cierto grado de complicidad, que se encontrará luego en las raíces de la culpa y su castigo: los síntomas.

Una historia repetida, lamentablemente...

Cada historia es distinta. Pero he aquí un resumen que, tristemente, nos han dado docenas de casos:

Caricias suaves que despiertan sensaciones extrañas pero... placenteras. Por eso, cuando lo repitan por segunda o tercera vez, contarán con una niña intrigada, asustada, confundida, pero expectante.

Generalmente el contacto físico es planteado como un juego y viene acompañado de frases dulces donde el adulto le dice a la niña que la quiere mucho y que por eso le hace eso, que es su sobrina o su nieta predilecta, etc.

Como la experiencia es grata, cuando la niña queda sola, prueba generalmente a reproducirla y comienza a masturbarse. Pero como generalmente esto sucede antes de la instalación del pudor, lo hace sin resguardarse de ser vista. Y cuando es descubierta por algún adulto, suele generar severos retos *("¡No te toques ahí!"*, *"¡No seas asquerosa!"*, etc.) que luego servirán para afirmarla en su culpa.

A partir de ahí, la niña esperará y facilitará mucho el "juego" con el adulto.

La característica repetida de estos individuos (llamarlos "personas" es inmerecido), es que siempre van por más.

Generalmente se acarician a sí mismos bajo el pantalón mientras acarician a la niña. No lo hacen de manera discreta: quieren ser vistos por ella.

Luego lo reiteran, pero con el pene afuera, exhibiéndolo.

Luego intercambian acciones: "Yo te hago a ti, tú me haces a mí", guiando la mano de la niña hacia su miembro y enseñándole a masturbarlo.

A esta altura muchas veces aparecen besos en la vagina de la niña y más adelante, en el pene.

Luego le introducen la puntita del dedo índice.

Luego el dedo completo.

Luego dos dedos.

Y recién cuando la vagina infantil se ha dilatado y estirado como para permitirlo prueban con el pene.

Esto que ha sido descripto en un solo párrafo, puede llevar entre 4 y 6 años. Y como no corresponde a una guía escrita, difiere en los distintos casos. Simplemente se guían por su intuición. Lo plantean como un juego. Buscan crearle cierto placer a la menor para conseguir su colaboración o su falta de resistencia. Y siempre que han conseguido algo, avanzan en busca de más.

Hasta que generalmente, algo lo interrumpe: Una mudanza, una enfermedad, una muerte.

A veces otro adulto que se entera de manera accidental.

Difícilmente son las madres quienes lo descubren. Sin juzgarlas podemos afirmar que suelen adolecer de una ceguera selectiva, comprensible en muchos casos porque no es fácil aceptar que el padre o el marido de una son monstruos capaces de atrocidades semejantes. En otros, consciente o inconscientemente se convierten en cómplices, porque temen perder la compañía y protección de la pareja, y entonces miran para otro lado, para no enterarse de nada.

Andando el tiempo, la víctima se pregunta, con fundamento: "¿Cómo fue que mi mamá nunca se dio cuenta de nada? ¿Cómo no le llamó la atención que mi padre dormía siempre la siesta conmigo mientras ella se quedaba en la cocina sin interrumpir jamás?".

Generalmente, si el juego ha llegado hasta el final de la infancia, quien lo detiene es la misma víctima, porque cuando la niña crece y se vuelve señorita, alcanza la masa crítica necesaria para rebelarse e impedirlo.

Porque hay algo claro: el "juego" puede resultar placentero para la menor, pero solamente en la etapa masturbatoria. Cuando el adulto consuma o intenta consumar el acto sexual, aparece en escena el **dolor**. Y la niña quiere interrumpirlo pero generalmente no puede. Y entonces se siente obligada a continuar solamente por temor a las consecuencias, aunque hará todo lo posible para cortarlo.

Además, muchas veces, la niña ha intentado denunciar lo que estaba pasando y no le han creído. O, peor aún, le han echado la culpa de lo que le estaba sucediendo. En el caso CLAUDIA C. con el que comenzamos este libro, la abuela le pegó una "terrible paliza" aduciendo que era su culpa porque provocaba a su abuelo que era "un buen hombre", aunque la niña tenía solamente 4 años.

O si se le dice a la madre, por ejemplo, que el tío la tocó, ésta la reta diciéndole: "*Te dije mil veces que no te refriegues contra los mayores*". O sea, nuevamente, la responsable es la niña...

Y en esos momentos se fija el componente peor de todo lo que hemos descripto:

La culpa y el castigo. El autocastigo...

CÓMO SE VE A SI MISMA UNA NIÑA ABUSADA

LAS AUTOIMPUTADAS

En las civilizaciones primitivas, la culpa nunca ha sido de los Dioses: Si ellos le infligen un daño a la población, seguramente será porque algo malo deben haber hecho.

Se tiene que tratar de un castigo. Y de un castigo merecido. Si no fuera así, el mundo carecería de sentido.

Por eso, frente a cada cataclismo, frente a las pestes, los terremotos, las inundaciones o las sequías, frente a cada calamidad sufrida, los hombres lo han aceptado con resignación, buscando el sacrificio expiatorio, la penitencia.

De manera similar los niños, las niñas, casi nunca se sienten verdaderas víctimas de cualquier agresión proveniente de los adultos, de sus "dioses". Creen que *"seguramente me lo busqué yo misma"*, *"porque no soy suficientemente buena, o porque no hago bastante caso como me dice siempre mi mamá"*.

Y si en alguna de las distintas etapas que hemos descripto, ha sentido, aunque fuera "algo", de placer, eso las confirma en su responsabilidad.

Se sienten sucias, no "ensuciadas". Intrínsecamente "sucias". Se sienten "**putas**", aunque para ellas esa denominación corresponda a un amplio conjunto de "mujeres malas" y no necesariamente de meretrices que comercian con su cuerpo.

Por eso, una de las maneras de percibir que algo semejante les está sucediendo, es verificar que no se juntan con sus compañeras de escuela en los recreos, que se apartan. Pero no lo hacen para protegerse, sino a la inversa, para proteger a sus amigas de ella misma, tan sucias se sienten.

Los terapeutas que traten con ellas en esa etapa o mucho más adelante cuando sean adolescentes, adultas o inclusive ancianas, deben saber que **jamás** sus pacientes le confesarán que han sentido placer, al menos en parte del recorrido. En realidad temen confesárselo a sí mismas.

Y que la clave en el camino de la cura, es manifestarles, como algo que es **obvio**, que en uno u otro momento **deben** haber sentido placer, que nosotros lo sabemos, porque **no puede haber**

sido de otra manera, y que eso no las convierte ni en culpables ni en cómplices. Ni en PUTAS.

Pero hay que hacerlo con mucho cuidado, explicándole a nuestra paciente que no estamos hablando de ella en particular, sino de las niñas en general. Y ni siquiera esperar que nos lo confirme. Porque lo importante es liberar de culpa a esas mujeres que, haya transcurrido el tiempo que haya pasado, aún están pagando el precio de la condena autoimpuesta.

Crimen y castigo

Porque los niños, las niñas, se imponen castigos. Feroces castigos que duran de por vida. Comienzan por utilizar la mejor y más sencilla herramienta de defensa con que cuentan para poder continuar viviendo: el bloqueo, la represión, la amnesia, la desaparición de la memoria de los sucesos: *"Eso que pasó, no pasó. ¡Y listo!"*.

Y para asegurarse de no correr riesgos, se borran los registros de toda una época. Porque si desde mis 6 hasta mis 10 años mi tío me tocaba, y yo mantengo el recuerdo del resto de mis actividades, corro el riesgo de que, evocando mis encuentros con mis primos me surjan esas imágenes. Entonces es mucho más práctico borrar **todos** los recuerdos de esos años, para no correr riesgos.

Pero como la niña se siente culpable, pone en marcha castigos que no encuentran explicación consciente y que harán que a lo largo de su vida se arrastre infructuosamente por decenas de consultorios médicos o psicológicos.

Clasificación

Básicamente las autoimPUTAdas se dividen en tres categorías:

Yo no sabía nada

No queda ninguna información disponible en la memoria usual. Son quienes más sufren los síntomas de las enfermedades y disfunciones originadas en su autocastigo, porque su mente no consciente les cobra de esa manera el precio de mantenerlas en la ignorancia de sus "pecados".

Precisamente todo este libro está consagrado a ayudarlas a recordar para poder dejar de pagar ese "impuesto" injusto e inmerecido.

Recuerdos vagos, sospechas

En verdad, se trata de mujeres de la anterior categoría, a quienes una escena de una película, o la difusión de un caso en la prensa, o algunas terapias como la decodificación o introyecciones como las de la meditación les rasga el velo del olvido y comienzan a tener dudas, o sueños o imágenes sueltas que por supuesto rechaza conscientemente, pero que reaparecen de manera recurrente. Freud decía que el problema no era la represión, sino el "retorno de lo reprimido", e imaginaba a los recuerdos borrados, como empujando desde afuera la puerta tratando de volver a entrar dentro de la consciencia.

Silencio culposo

*"**Nadie** se debe enterar **nunca** de **nada** porque sería **el fin**. Nadie me querría. Nadie me acep-*

taría. Perdería a mi familia, a mis amigas, mi trabajo, el respeto de mis hijos, todo".

Ese es el pensamiento que subyace a flor de piel y que le impide ser verdaderamente feliz. Porque siempre teme ser descubierta. Es una situación que puede arrastrarse hasta la muerte. Esa es la razón que los legos no comprenden, acerca de por qué una mujer puede tardar dos años o veinte en denunciar un abuso sexual.

Consecuencias

Estas son algunas de las consecuencias que hemos encontrado personalmente en nuestro consultorio y en nuestros cursos. Y esta lista no agota el tema...

MÉDICAS:
- Fibromialgia
- Fatiga muscular crónica
- Jaqueca
- Soriasis
- Obesidad
- Tartamudez

- Frigidez
- Anorgasmia
- Vaginismo
- Desaparición de la libido
- Caída anormal del cabello
- Enuresis en adulta
- Necesidad de sonda para orinar
- Esterilidad

PSICOLÓGICAS:

- Fobias
- Baja autoestima
- Intentos de suicidio, sobre todo en la adolescencia
- Depresión
- Angustia
- Insomnio
- Elegir al peor ("*Soy golfa, por eso solo puedo elegir a un golfo*[2]" según una paciente española)

---

2. GOLFO: "Persona que vive de manera desordenada, tiene costumbres poco formales y solamente se preocupa de divertirse y entregarse a los vicios".

- Conductas confirmatorias del no mereci-
  miento: ninfomanía, seducción, promis-
  cuidad
- Buscar hombres casados para evitar el
  compromiso
- Renuncia al éxito
- Sumisión
- Sentimiento de suciedad
- TOC: (Trastorno Obsesivo Compulsivo),
  sobre todo vinculado a lavarse y bañarse
  exageradamente)
- Tolerancia a los malos tratos
- Conflictos de identidad sexual (en los va-
  rones)
- Fobia social (principalmente en los varo-
  nes)

Otras fuentes de culpa

Cuando intentamos convertirnos y convertir a
nuestros alumnos en "Atrapadores de culpas",
no estamos pensando solamente en las originadas en los abusos infantiles, porque existe una
enorme cantidad de disparadores posibles de esta

repetida historia de "Crimen y Autocastigo".

Pero como entendemos que estamos atravesando un momento histórico único, hemos decidido desarrollar en este libro el tema de las autoimPUTAdas, tratando de instalar junto al **#MeToo** el **#YoNoSabia**: para que cada una pueda recuperar junto a sus recuerdos, su autoestima y su derecho a la felicidad.

Pero no queremos dejar de mencionar otras fuentes, otros causantes usuales de culpa:

- Separación de los padres
- Muerte del hermano u otro familiar cercano
- Ausencia o mengua del amor de los padres
- Sospechas de ser adoptado
- Pensamiento mágico (Le deseé un mal a alguien y sucedió)
- Ser testigo de infidelidades de alguno de los padres
- No haber cumplido con responsabilidades impuestas como "cuidar al hermanito"
- Promesas internas o a Dios de "portarse bien"
- Dificultades económicas en el hogar

- No traer el sexo deseado por los padres
- Bulling infantil
- Juegos y exploraciones sexuales entre primos o entre amigos
- Masturbarse
- Tener "Pensamientos sucios", referido a todo tipo de fantasía sexual
- Escuchar o ver el sexo paterno
- Fantasías eróticas con la madre, en el caso de los varones, muchas veces trasladadas a la tía o la hermana
- Haber sobrevivido a una pareja: estar vivos mientras la otra parte ha muerto
- No haberse disculpado con alguien antes de su muerte
- Abortos voluntarios o involuntarios
- Muerte in útero del gemelo o mellizo

En realidad, en muchos hogares, los niños cumplen el rol de los felpudos donde es posible sacarse el barro de los zapatos, y se les endilga culpas y responsabilidades que solo son de los adultos.

PARA NUESTROS COLEGAS PROFESIONALES

No crean ustedes que nosotros tenemos una teoría adonde tratamos de introducir a la fuerza a nuestros pacientes. Es todo lo contrario. Somos investigadores y encaramos cada terapia como si se tratara del esclarecimiento de un crimen. Y pese a toda nuestra experiencia —de la que trata este libro— tratamos de acercarnos al tema con la mayor inocencia posible, porque no siempre el asesino es el mayordomo.

Una vez que hemos escuchado la historia de los problemas del paciente y su demanda terapéutica, lo relajamos y le inducimos un trance hipnótico que debe ser ligero porque precisamos dialogar todo el tiempo con él.

En contra de lo que se supone en general,

nosotros afirmamos que: *"Hipnotizar es fácil. Hipnotizar es peligrosamente fácil"*, y lo demostramos reiteradamente, porque en cada uno de nuestros cursos de cuatro o cinco días, *todos* los asistentes logran hacerlo. De hecho, muchos de los ejemplos de este libro, comenzando con el caso de CLAUDIA C. que lo preside, corresponden a trabajos efectuados entre compañeros. Y por eso le agregamos "peligrosamente" al calificativo de "fácil", para alertar sobre algunos cuidados y responsabilidades que son imprescindibles para el manejo de esta herramienta terapéutica.

En ese trance hipnótico, guiamos a nuestro paciente a un escenario mágico, en el cual colocamos puertas, arcadas, caminos o alternativas que conducen al pasado. Y enunciamos algo que consideramos sustancial para nuestro enfoque, emitimos una "Consigna Terapéutica".

Decimos:

"Dentro de unos instantes vas a atravesar una de esas puertas y vas a entrar en el pasado. Pero esto no va a ser un juego. No vas a entrar en el

pasado por pura curiosidad. Vas a entrar en el pasado para encontrar el origen y la solución a esto que te pasa[3]. Y poder recordar, y poder revivir, te va a permitir entender y te va a permitir sanar esto que te pasa".

Y como nosotros trabajamos también con Regresiones a Vidas Pasadas[4] dejamos que sea la mente no consciente de nuestro paciente la que decida si debemos ir allí o a la niñez, señalándonos la puerta que debemos atravesar.

La consigna terapéutica es muy importante y **convierte en terapéutico todo lo que aparezca después.** Porque la mente no consciente de nuestro paciente no está obligada de manera alguna

---

3. "Esto que te pasa" incluye lo que el paciente nos ha contado, pero también lo excede. Quienes damos terapia, sabemos que el paciente nunca nos ha comunicado toda su problemática y, muchas veces, ni siquiera la principal. Por eso, cuando decimos "Esto que te pasa", nosotros no sabemos a qué nos estamos refiriendo, pero el inconsciente del paciente, sí.

4. Regresiones a Vidas Pasadas: Tal como lo practicamos nosotros, se trata de una potente herramienta terapéutica donde no es preciso confiar plenamente en la reencarnación. No desarrollaremos el tema en este libro, pero se halla explicado en nuestros dos libros anteriores.

a obedecernos. Pero no puede cambiarnos las reglas del juego.

Si yo lo invito, amigo lector, a jugar conmigo, pero le agrego: *"Pero solamente juegos de naipes"*, a usted le quedan dos opciones: jugar o no conmigo. Pero, si acepta jugar, deberá ser, inexorablemente, un juego de naipes. Por eso, luego de emitida la Consigna Terapéutica, la mente no consciente de mi paciente puede elegir no traer nada de lo que yo le pida. Pero si trae algo, ese algo será terapéutico y le ayudará a entender algo y a sanar algo.

Descripción técnica

Aunque este no es un libro pensado para enseñar técnicas —lo que hemos hecho en nuestros dos libros anteriores y hacemos habitualmente en nuestros cursos— sino para divulgación general, incluimos estos párrafos para facilitar la comprensión por el lector informado, de los casos que detallamos.

Sabemos que la mera descripción de la técnica

que desarrollamos, la hace aparecer como muy sencilla e ingenua y que, hasta no haberla visto por lo menos una vez en acción, son difíciles de imaginar sus resultados[5].

Buscamos inicialmente lo que llamamos "Recuerdo CERO". Le decimos al paciente: *"Voy a contar desde 1 hasta 5 y vas a volver a un día de tu infancia... Pero vas a volver a un día cualquiera, donde no está ocurriendo nada especial, ni malo ni bueno... 1... 2... 3... 4... 5... ¿Dónde estás y cuántos años tienes?"*.

Y cuando la paciente (vamos a ceñirnos a las mujeres porque estamos hablando de las autoimPUTAdas, aunque casi todo lo que decimos es común a ambos sexos) nos responde, por ejemplo: *"Tengo 5 años y estoy en mi cuarto, jugando con mi muñeca"*, **ya está en regresión.** Porque para hablar de una situación del pasado, conjugando el verbo en tiempo presente, el "Yo" de la paciente ha debido trasladarse

---

5. Reiteramos la invitación a ver pacientes en regresión, buscando en **www.hipnosisclinicareparadora.com/dvdlibro**

imaginariamente en el tiempo, ha dejado de situarse en el día de hoy y ha convertido ese pasado en su presente transitorio.

A continuación, le pedimos a su mente no consciente, cinco recuerdos "**vinculados** con **el origen** de **esto que le pasa**".

Y esta frase tiene tres claves para remarcar. Ya hemos hablado acerca de qué significa "*esto que te pasa*", pero ahora estamos buscando el "*origen*", la historia que está detrás de la historia.

Pero, ¿qué quiere decir "*vinculados*"?...

Ya sabemos que idiomáticamente, "vinculados" quiere decir relacionados... Pero... *¿Vinculados* cómo? *¿Relacionados* de qué manera?

Y esa es la característica distintiva de nuestro trabajo como terapeuta: deberemos encontrar esa relación. Que a veces es muy obvia, pero a veces es casi desentrañable. Lo que nunca ponemos en duda es que, de alguna manera, está relacionado con el origen, con las raíces del problema. Porque la información surgió desde adentro de la paciente, aunque ella misma, *concientemente*, ignore por qué apareció ese recuerdo y no otro, y de qué manera especial está vinculado con sus síntomas.

Hablando "mágicamente"

Nosotros hemos colocado a la paciente en hipnosis, haciendo predicciones que luego se cumplieron, como "no poder abrir los ojos".

Por eso, su inconsciente está preparado para creernos. Y cuando decimos que a la cuenta de cinco, el recuerdo buscado va a aparecer, este aparece.

Y si en algún momento, la paciente nos dice: *"No sé qué recordar"*, le contestamos: *"Tú no recuerdes nada. Yo voy a contar desde 1 hasta 5 y va a aparecer el recuerdo solicitado. 1... 2... 3... 4... 5... ¿Donde estás y cuántos años tienes?".*

Y esto es **muy importante**. Los recuerdos, pedidos de esta manera, *aparecen* sin selección **consciente** en su mente.

Es que no han sido evocados de la manera usual en que buscamos un recuerdo, de manera direccionada, sino que han surgido sin explicación racional en la consciencia, de manera generalmente sorpresiva y, muchas veces, sorprendente.

Nuestra memoria usual es direccionada. Si nos piden un recuerdo de la niñez, por ejemplo, nuestra atención se dirige a la habitación que dice "Niñez" y preguntamos: "*¿En la escuela o en la casa?*". Y si la respuesta es "La escuela" vamos al archivo donde están esos recuerdos, y luego al cajón, y luego a la carpeta, y así...

Pero estos sucesos que *han aparecido* sin que el paciente sepa porqué, no han sido seleccionados de esa manera, sino que han venido justamente desde afuera de su consciencia, desde su mente no consciente o sea, desde su inconsciente.

¿Es tan fácil?

¿Así nomás, porque se lo preguntamos, la mente no consciente se pone a hablar?

En realidad no. Es preciso establecer un espacio "de confianza". Pero no es este el sitio para explayarnos más con las técnicas, es suficiente para comprender el material relativo a las terapias que reproducimos luego.

Reparación del trauma

Un chiste viejo y conocido es el de esa persona que está buscando algo en una esquina, a la madrugada. Se le acerca un policía y le pregunta que le pasa y le dice que está buscando las llaves de su casa. El policía se suma a la búsqueda, y como no las encuentran, luego de un largo rato le dice:

—¡No aparecen! ¿Usted está seguro que se le cayeron aquí?

—No. *Se me cayeron allí, a mitad de cuadra...*

—*¡¿Y por qué las busca aquí?!*

—*Porque allí está oscuro y me da miedo...*

A veces uno ignora donde perdió las llaves, y comienza entonces a buscarlas en cualquier sitio. Pero, por supuesto, no es cuerdo buscarlas donde uno *ya sabe* que no se le han caído.

Volvamos ahora a nuestra paciente, la que —por ejemplo— tiene anorgasmia.

Y ahora, al hacer la regresión, hemos podido re-vivir un abuso infantil sufrido, que ignoraba y que concluyó con ese castigo auto-infligido.

Hemos descubierto entonces el origen, hemos averiguado *"cuándo, cómo y dónde extravió sus llaves"*. Pero no alcanza con identificar el origen de un síntoma: hace falta "sanarlo".

Y para eso, lo primero es dejar de buscar las llaves "en la esquina", donde ella se siente más segura, pero donde ya sabemos que no están.

No sirve explicarle la solución del enigma a la paciente, porque de esa manera se convierte en una "teoría intelectual" que no le habrá de servir de mucho. Es imprescindible que ella misma lo descubra o lo deduzca, tarea que nosotros podemos facilitar pero nunca reemplazar.

Y tal como supuso Freud, la identificación por la propia paciente del vínculo causal que existe entre un evento o una serie de eventos de su infancia y el síntoma que la aqueja, hace que este desaparezca. A veces por completo, otras en gran parte.

Pero allí no concluye nuestra tarea. Debemos utilizar técnicas de reparación que le permitan sobrellevar las consecuencias y recuperar su capacidad de ser feliz.

Lo peor no es nunca lo que le pasó. Porque, justamente, es algo **que ya le pasó** y a lo que ha logrado sobrevivir. Y no podemos hacer nada para que eso que le pasó, no le haya pasado.

Lo peor es lo que le continúa pasando. Porque generalmente los niños se han sentido culpables y se han inventado castigos, castigos que suelen coincidir con el motivo de la consulta: Jaquecas, fobias, pánico, suelen desaparecer cuando la paciente los asocia con la violación sufrida cuando niña, por ejemplo.

Algunos recursos terapéuticos de reparación

Tercerización

Ya lo explicamos: es la "filmación" de lo ocurrido, interpretado por otra niña que la paciente conozca (si puede usarse a su hija, nieta o sobrina, mejor), viéndolo por primera vez con ojos de adulta. El objetivo es romper con el recuerdo instalado en la memoria subjetiva.

Por ejemplo: si mi paciente tuvo juegos sexuales con un tío cuando tenía 5 años, se siente tan culpable como si hubiera dado un consentimiento adulto válido, hace pocos días. Entonces reconstruimos una escena similar pero con otra niña conocida, para romper el registro subjetivo, tal como ya explicamos. Cuando nuestra paciente adulta, puede "ver" a una niña de cinco masturbando a un adulto de 50, el encantamiento desaparece: Bruscamente se entiende que no pueden haber habido culpas. Y mucho más, si la niña que está satisfaciendo a ese hombre en su imaginación, es su hija o su nieta.

Disociación de la parte adulta y la parte niña de la paciente

Tenemos en nuestro consultorio a una muñeca, a la que llamamos nuestra co-terapeuta: es una muñeca de tela, blanda, abrazable, con cabello, para poder proteger y acariciar.

Y cuando se rompe frente a los ojos de nuestra paciente la mentira subjetiva que la acompañó toda la vida y puede percibir lo que **realmente** ocurrió, cuando aparece el sufrimiento, el desamparo y la soledad que debió vivir esa criatura

—que entendemos que continúa viva dentro de nuestra paciente— la invitamos a protegerla afectivamente desde su parte adulta, abrazando entonces a esa muñeca que facilita la disociación entre las partes adulta y niña.

Se trata —debe tratarse— de un proceso de una alta carga emocional. En ese momento, el abrazo de amor y protección que le da a la muñeca que representa a su parte niña, lleva incorporados los anticuerpos que le hicieron falta a lo largo de una vida. Cuando logramos una buena conexión emocional entre sus dos partes, sabemos que nada va a volver a ser igual en la vida de nuestra paciente.

"Filmar" el recuerdo conflictivo

Cuando la emoción proveniente del recuerdo inunda y supera a nuestra paciente, como cuando es acosada o agredida por un adulto, la invitamos a disociarse y convertirse en una cámara que está flotando cerca del techo y que filme lo que está sucediendo. De esa manera logramos obtener la información con el menor dolor posible.

Empatía y cercanía física

Nosotros vamos a hacer emerger a la niña interior y la haremos ingresar al cuarto oscuro donde habitan sus fantasmas y le vamos a pedir que revise bajo la cama y dentro de los armarios. Solo se va a animar si siente que no está sola e indefensa. Solo podrá hacerlo acompañada. El apretón que le da a nuestra mano la paciente, como si se tratara de una niña asustada, nos confirma que estamos haciendo bien las cosas.

Personaje sustituto

Cuando vemos que la paciente se frena y le cuesta hablar, inventamos un personaje sustituto. Le decimos, por ejemplo, si nuestra paciente se llama AMALIA:

*"Quiero que imaginemos una niña que se llama AMELIA (o sea, elegimos un nombre similar al de ella): es muy parecida a ti, **pero no eres tú**. Tiene una mamá y un papá como los tuyos, dos hermanitos como tú, una casa como la tuya, va a una escuela como tú, **pero no eres tú**. Así que, como no eres tú, puedes recordar cualquier*

cosa. Cuento desde 1 hasta 5 y aparece el primero de los recuerdos de AMELIA...”

El recurso es tan ingenuo, tan inocente, que es difícil creer que funciona si uno no lo ha visto. Sucede que, seguramente en algún momento, la paciente ha resuelto que, de lo que le pasó, no va a hablar NUNCA JAMÁS, y al crearle esta sustituta puede hacerlo sin violar su resolución. Y es tan claro que es un truco, que generalmente continúa contando lo que está reviviendo, en primera persona: *“Estoy con mi tío, etc.”*.

Cambio de la decisión

Nosotros consideramos que el problema más grave de nuestra paciente no es lo que le sucedió cuando niña sino sus consecuencias actuales. Como la niña creyó que la culpa era de ella, se inventó castigos. Esos castigos son, generalmente, el motivo de la consulta: La jaqueca o la anorgasmia, la fobia o la baja autoestima forman parte de la sentencia. Y así como apelaríamos a un juzgado que impuso una condena injusta, para que la anule, hacemos eso...

¿Quién emitió el fallo? Una niña de 5 años, por ejemplo.

No nos sirve, entonces, que la adulta de 50 "comprenda".

Deberá ser, precisamente esa niña de 5 la que lo haga. Y eso lo lograremos con la magia de la regresión: deberemos convencer a nuestra paciente **en regresión a esa edad** de su total inocencia, para que levante hasta el último de los castigos elegidos.

Recapitulación

Las niñas abusadas se sienten culpables o cómplices, no víctimas.

Se inventan castigos, que generalmente están en la base de los problemas que intentamos solucionar.

Esas resoluciones quedan afuera de la conciencia. Nuestra paciente desconoce totalmente ese vínculo entre su experiencia y sus síntomas.

Tampoco existe habitualmente el recuerdo de esa experiencia: una gran cantidad de esas mujeres pertenecen al grupo del **#YoNoSabiaNada** o al del **#AlgoSospechabaPeroNoEsto.**

La niña interior no ha muerto, continúa viva. Pero no en un sentido filosófico, sino como una entidad **real** que comparte el cuerpo de nuestra paciente junto con su parte adulta. Gran cantidad de sus pensamientos, sus miedos, sus prejuicios y sus inseguridades actuales provienen **directamente** de su parte niña.

Cuando la paciente está en regresión, **vuelve mágicamente a ser niña:** habla, llora y gesticula como una infante. Es lo más parecido a un viaje en el tiempo.

Nuestro objetivo terapéutico, entonces, consiste en **convencer a esa niña** de 7 años, por ejemplo, que **resolvió** que jamás tendría éxito en la vida, porque ella era sucia, puta y mala, de **que cambie su resolución,** que levante su castigo.

Para lograrlo haremos que la parte adulta la abrace y la convenza: no nos sirve que la adulta lo entienda, lo que precisamos es que sea la parte niña de nuestra paciente la que levante el castigo.

Aplicando estos recursos, hemos visto desaparecer de un momento para el siguiente, migrañas, fibromialgias, anorgasmias, etc. Una alumna nuestra, de más de 60 años, alcanzó el primer orgasmo de su vida una semana después de concluido el curso donde puso enfrentar y sanar un suceso ocurrido a sus 4 años[6].

Más recursos...

Por supuesto que esto no agota los artificios y recursos que deberemos usar para ayudar a sanar a nuestra paciente. Constantemente "inventamos" formas de ayudar a nuestros pacientes *"a ser lo más felices que permitan sus circunstancias"*, que es como definimos nuestros objetivos terapéuticos.

Con humildad decimos que no creemos que las maneras que ideamos para reparar ese daño identificado sean las únicas, y ni siquiera las mejores. Seguramente, muchos excelentes profesionales que agreguen este enfoque terapéutico a sus conocimientos y prácticas, hallarán y desarrollarán nuevas y mejores estrategias para ayudar a esas pacientes a alcanzar finalmente, esa felicidad que se merecen.

------

6. Ver más adelante: El caso JACINTA.

EL CASO ESTELA MARIS

Es el tercer día del curso de Hipnosis Clínica Reparadora, es noviembre de 2016 y estamos en Madrid, España. Es el día destinado a las regresiones a la niñez.

Quien se ha ofrecido es ESTELA MARIS (*El nombre ha sido cambiado, aunque contamos con su autorización para usar el real. Inclusive, para aquellos lectores que tengan un genuino interés, tenemos el permiso de compartir también su dirección de email.*), una señora colombiana que ese mismo día cumple 49 años, y que vive circunstancialmente en España desde un año antes.

Nosotros hacemos preguntas relativas a la familia de origen y luego sobre las parejas y los hijos, o sea a las familias que nuestra paciente ha formado, y mientras tomamos nota, hacemos todas las inferencias que se nos ocurran, intentando entender más de lo que nos están contando.

ESTELA es hija de ERNESTO (fallecido hace 18 años) y de MARTA (78).

Es la segunda de 8 hermanos.

A los 15 años se fue a vivir con una "tía", en verdad, una hermana de crianza de mamá.

Estela quedó embarazada de NORBERTO (3 años mayor) con quien no convivió, a los 22 años, y tuvo a su primera hija: ALICIA (26).

A los 24 comenzó a vivir con JORGE que la embarazó de su segundo hijo: SANTIAGO (23). Pero al mismo tiempo él embarazó también a otra chica, con la que finalmente se fue, abandonando a Estela con su hija y su embarazo. Jorge murió un año después en un accidente. Trato de averiguar si sintió culpa, porque seguramente lo habrá maldecido cuando él la dejó, pero Estela niega haberlo odiado, haberle deseado el mal, y por lo tanto, no registra haberse sentido culpable.

A los 28 conoció a ROBERTO con quien se casó, y nació entonces MARIO (15), su tercer hijo. Roberto fue un buen compañero y un buen padre. Les dio también su apellido a sus otros dos hijos.

En el 2008. Estela descubrió en Roberto conductas privadas que desaprobaba y prácticamente se separó, aunque siguieron viviendo juntos 4 años más, porque Estela no podía mantenerse y mantener a sus hijos.

Pero en 2012, harta de la situación, hizo sus valijas y se fue. Llevó consigo al menor y dejó que los otros dos decidieran. Alicia ya estaba en la Universidad y el niño quedó con Roberto, que nunca dejó de apoyarla económica y moralmente.

Completando el registro de su vida afectiva: hace 3 años conoció a ALBERTO, con quien convive en España desde hace un año. Mario, su hijo menor, convive ahora con su padre y Alicia es autónoma, por lo que ella está viviendo sola con su pareja, y no tiene hijos.

Recién a esta altura, cuando ya obtuve de mi paciente mucha información, seguramente en algunas cosas más de las que planeaba compartir conmigo, le pregunto: *"Bien... ¿Y de qué manera te puedo ayudar? ¿Qué es lo que te pasa?".*

Estela nunca se identificó con su familia. Dice: *"Nunca me sentí de la familia, ni del pueblo en el que nací. Siempre creí que mi madre no es mi madre".*

Uno de sus problemas actuales es que siente que ella, Estela Maris, no la quiere a su mamá... La quiere como a una persona, pero no la quiere como a una madre.

En ese momento, les explico a los alumnos: *"Yo le pregunté qué es lo que tengo que sanar. Y me contestó algo muy interesante. Me dijo que tiene tartamudez, y que además se siente muy avergonzada, que esta es la primera vez que lo pronuncia en voz alta, porque le da mucha vergüenza, se siente muy humillada...".*

Mientras yo digo esto, Estela se transfigura, derrama algunos lagrimones y se cubre el rostro, completamente avergonzada, lo que pone de manifiesto lo humillante que siente a su síntoma que ha logrado disimular desde el comienzo del curso.

"Todos los que hemos estado compartiendo estos tres días con ella, no la hemos escuchado tartamudear nunca".

Entonces ella nos explica que se traba en algunas palabras, pero que ha aprendido a disimularlo, reemplazando esas palabras por otras de significado similar. Y que esta característica le ha permitido ampliar enormemente su vocabulario para poder hacer esos reemplazos.

¿Cuándo empezó este síntoma? Según recuerda, desde siempre. Pero según su hermana Laura, un año menor, ella comenzó a hablar así, de un momento para otro.

Reconstruyendo su relato, me dice que recuerda de muy niña haber sido tocada por un adulto, en un transporte, y que no pudo quejarse y quedó paralizada. Yo entonces le explico que la reacción usual de los niños es precisamente esa, la de la parálisis. Y que luego no comentan nada, por miedo a que los inculpen a ellos.

Le pregunto por su vida sexual y me dice que es muy activa. ¿Cuándo fue su primera relación sexual? Contesta que a los 18. Le pregunto si sangró, y me dice que no. Esa es una pregunta que yo hago habitualmente cuando sospecho que puede haber habido agresiones sexuales en la niñez. Por sí mismo, no haber sangrado en la primera relación no significa nada, porque se puede haber perdido el himen haciendo gimnasia o andando en bicicleta, pero unido a otras circunstancias puede brindarnos información.

Me llama la atención que no se acuerde de todo un período de su infancia, incluyendo las edades de sus hermanos. La principal herramienta de defensa de los niños es el bloqueo de la memoria. Si a una niña, le sucede algo que no tiene manera de entender ni de integrar a su concepción del mundo, simplemente lo borra. Pero si ese suceso se repite en un determinado período de tiempo, lo que hace es borrar de la mente consciente todo ese período en bloque, para no correr riesgos de recordar lo que ha decidido no recordar.

Muchas veces me dicen: "*Cuando me encuentro con mis primas, ellas me cuentan cosas de cuando éramos chicas, o de cuando íbamos a la escuela. Pero yo no recuerdo nada, como si no hubiera estado ahí...".*

Y si eso coincide con una primera relación sexual donde no sangró, comienzo a sospechar que quizás no fue su primera relación sexual, sino su primera relación sexual consentida.

Con respecto a sus dudas sobre su nacimiento, ha hecho algunas averiguaciones y hay cosas que no cuadran: fechas, datos, etc.

Además, a los 32 años, ella fue violada violentamente por alguien, en Buenaventura, Colombia.

Finalmente, le hago una pregunta que suelo formular muchas veces: *"Si yo tengo la varita mágica y puedo castañetear los dedos así, y solucionar algo... ¿Qué es lo que tengo que solucionar?".*

Y me contesta: *"La tartamudez. Y entender por qué no puedo sentir a mi mamá como mi mamá".*

Terapia resumida:

En este caso vamos a reproducir luego los principales parlamentos de la terapia, para satisfacer la curiosidad de aquellos terapeutas que se enfrentan a diario con este tipo de problemas.

Pero, a los fines del objetivo general del libro: hablar de las autoim**PUTA**das y especialmente del grupo **#YoNoSabia,** no sería preciso, ya que tal como verán en este resumen, aparecieron **violaciones ignoradas,** y a partir de eso cesó la tartamudez y la baja autoestima.

Lo haremos para que se comprenda como se desarrolla una terapia, y se verifique que la mente no consciente del paciente sabe perfectamente qué es lo que se esconde detrás de sus síntomas. Veremos como surge del interior de la paciente toda la información que estaba afuera de la conciencia, y como nuestra cercanía física y afectiva permitió el esclarecimiento y la cura.

Este es el resumen de los logros alcanzados en esta terapia que solamente duró, según su filmación, dos horas y algunos minutos, incluyendo la parte inicial del planteo de los problemas:

Ratificó sus sospechas de que había sido adoptada, y recordó el momento en que fue entregada por su madre biológica a su madre adoptiva.

Recuperó de sus recuerdos intra-uterinos el nombre de su mamá biológica: "MIREYA". En un período posterior a esta terapia pudo comprobar que el nombre era correcto e identificar de quién se trataba.

Recordó y revivió violaciones sufridas a los 3 y 4 años que ignoraba por completo.

Pudo "defenderse" y quitarse de encima a sus violadores.

Pudo identificar y cambiar su decisión infantil de "NO HABLAR" que estaba detrás de su tartamudez. Pudo emitir el GRITO CONTENIDO que la ahogaba.

Pudo dejar de tartamudear y aceptar el abrazo y el cariño de todos sus compañeros de curso.

Pudo entender y abandonar las conductas de complacencia sexual, que tenía para "asegurarse" de que no la lastimen.

Pudo rehacer su relación deteriorada con sus hijos, desde una autoestima rehecha.

Terapia: en detalle

Coloqué a ESTELA entonces en hipnosis. Y la guié hacia el "Templo del Tiempo", donde acompañada por el anciano cuidador, eligió atravesar la puerta que conduce a su niñez.

—Yo voy a contar desde 1 hasta 5 y vas a volver a un día de tu infancia. Pero vas a volver a un día cualquiera... Un día donde no está ocurriendo nada especial, ni bueno ni malo... 1... 2... 3... 4... 5... ¿Dónde estas Estelita? ¿Cuántos años tienes?

—Estoy acurrucada en una esquina... Estoy mirando hacia la cuesta... Soy chica... En la cuesta está mi casa...

<u>COMENTARIO TÉCNICO:</u>
Este paso es para conseguir lo que llamamos "Recuerdo Cero".

En el momento en que la paciente dice "Estoy acurrucada" y "Estoy mirando", o sea, en el momento en que relata una situación del pasado, conjugando el verbo en tiempo presente, su "Yo" ha debido trasladarse imaginariamente hacia atrás en el tiempo, retrocediendo hasta ese momento. Por lo tanto ESTÁ EN REGRESIÓN.

El recuerdo que eligió es muy significativo, pero prefiero privilegiar el comienzo de la terapia, para aclararlo después.

—Yo le voy a pedir a tu mente no consciente, que elija cinco recuerdos, cinco sucesos vinculados con el origen de esto que te pasa... Cuento desde 1 hasta 5 y aparece el primero de los cinco recuerdos vinculados: 1... 2... 3... 4... 5... ¿Dónde estás Estelita? ¿Cuántos años tienes?

—Soy un bebé y lloro... Estoy asustada... (*Comienza a llorar*), ¡Lloro mucho!...

—¿Y quién acude a levantarte?

—Una mujer alta... Blanca... Me entrega a otra mujer...

—Esa otra mujer... ¿Quién es? ¿Marta? (*Nombre de su madre*).

—Sí...

—Entonces, vamos a hacer un alto en los cinco recuerdos... Yo voy a contar desde 1 hasta 5, y vas a volver dentro de la panza de mamá... 1... 2... 3... 4... 5... Tú estás, como todos los bebés, en sintonía con mamá... Puedes sentir lo que ella siente...

—Ella está triste... Llora... Acaricia su panza... Se mece...

—Voy a contar hasta 3 y vamos a ir a un momento especial, en que mamá está en lo del médico, o está en una clínica... O está en algún lugar donde la llaman por su nombre... Y tú escuchas su nombre... 1... 2... 3...

—Mireya...

—Ahora vas a asistir a un momento muy dramático, en que mamá discute con alguien, y llega a la conclusión de que debe entregarte, porque no te puede cuidar... O porque es lo más conveniente... Cuento hasta 5 y vamos a ese recuerdo... 1... 2... 3... 4... 5...

—*(Llora)*, ¡No me quiere entregar...!

—¿Y quién le dice que te tiene que entregar?... ¿Tu papá?... ¿Quién es tu papá biológico?... ¿Ernesto? *(Nombre del padre de Estela)*.

—Sí... Él le dice "Lo hacemos luego"...

—¿Se refiere a entregarte?

—Sí... ¡Yo no entiendo nada!...

—**Ernesto ha tomado como propia a una hija de Marta** *(Me refiero a Graciela, su hermana mayor, que es de otro papá)*, **y Marta toma como propia a una hija de Ernesto... ¿Es así? ¿Cómo te recibe Marta? ¿Cuánto tiempo tienes cuando pasas a Marta? ¿Días?**

—Una mujer con dos bebés, me entrega... ¡Es Mireya!... Y está triste...

—**Y te recibe otra mujer... Marta... ¿Te recibe mal o te recibe bien?...**

—Me recibe bien...

COMENTARIO TÉCNICO

La aparición del primer recuerdo nos obligó a trabajar de inmediato el tema de su origen. Tal como lo hacemos muchas veces, buscamos los recuerdos intrauterinos para averiguar el nombre de su madre. Esto suele ser suficiente para los pacientes adoptados que sufren por esa ignorancia, aunque no puedan confirmar por otras fuentes la exactitud de su recuerdo. En este caso sí lo pudo comprobar, porque su hermana le informó luego que Mireya era el nombre de la anterior pareja de papá, con la que este tuvo antes dos hijos...

—Cuento desde 1 hasta 5 y vamos al segundo de los cinco recuerdos elegidos: 1... 2... 3... 4... 5... ¿Dónde estás Estelita? ¿Cuántos años tienes?

—Ya camino... Está mi tío... Mi tío Jaime... El hermano de papá... Tiene gafas... Es muy grande...

—¡Claro! Tú eres chiquita, por eso él es muy grande... Y ¿Qué sucede? ¿Qué edad tienes?

—Está también el amigo de papá. Yo tengo... ¿Tres? *(Comienza a gemir).*

—¿Qué sucede? ¿Contigo, con tu tío y con el amigo de papá?... ¿Quieres filmarlo? Yo voy a contar desde 1 hasta 3, y te vas a convertir en una cámara filmadora, que mira todo desde arriba... ¡1, 2, 3!... Estás flotando cerca del techo... Mira hacia abajo: Hay una niña de 3 años, ¿Verdad?... ¿Y hay tres adultos o hay dos adultos?

—Dos...

—Está Jaime, el hermano de papá y el amigo de papá... ¿Papá no está?

—No... Se ha ido... "Un momento, ya vuelvo", dijo.

—Y esos adultos... ¿Están bebidos?

—No sé... *(Gimiendo)*, ¡Quieren jugar!

—A ver... Veamos como es el juego... *(Como Estela se desespera)*, ¡Tú estás filmándolo! ¡Tú no eres esa niña!... ¿La puedes ver a la niña? ... Dime cómo está vestida...

—Tiene un vestido... Mediecitas blancas... Está asustada... Ellos quieren jugar...

—¿Cómo comienza el juego?

—¡Le mete el dedo en la boca!... Le dice que lo chupe... ¡¡¡Ella no quiere!!!... ¡¡¡Se ahoga!!!... Le dice que es un juego...

—¿Es un dedo?... ¿Y ahora?...

—Jaime... ¡Mete el dedo en su vagina!

—Pero... ¿Se lo hace fuerte? ¿Le causa dolor?...

—¡Sí! *(Gime, llora y se revuelve durante toda la evocación)*, ¡Ay!... ¡Me duele!... ¡Se están tocando!... ¡Me tocan en la boca y en la vagina!...

—**Míralo desde afuera...**

—¡Ay!... ¡Que se vayan!... ¡Que se vayan!... ¡AY!... ¡¡¡QUE SE VAYAN!!!... ¡¡¡¡¡QUE SE VAYAN!!!...

—**Cuento...**

—¡¡¡QUE TERMINEN!!!... ¡¡¡QUE TERMINEN!!!...

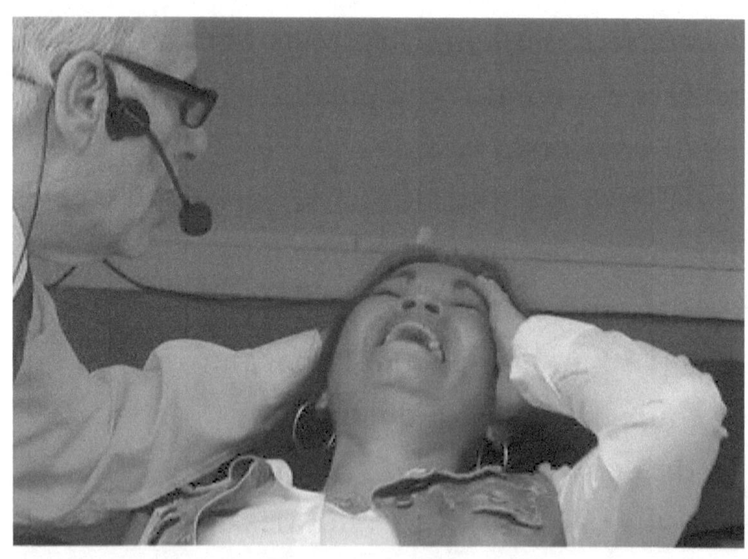

—Cuento desde 1 hasta 3, y pasan 15 minutos: 1... 2... 3... Han pasado 15 minutos... ¿Qué pasa ahora?... Ya se satisficieron... ¿Qué hicieron? ¿Soltaron a la nena?

—...

—Ha pasado un cuarto de hora... No te metas dentro: sigue filmando...

—Le dan la espalda...

—Y la nena... ¿Cómo queda?

—Está triste... No quiere llorar...

—¿Le duele abajo?

—La garganta... El vientre... Las piernas... Los brazos... La cabeza... Quiere dormir...

—Descansa profundamente... Voy a contar desde 1 hasta 5 y vamos a ir al tercero de los cinco recuerdos elegidos: 1... 2... 3... 4... 5... ¿Donde estás?

—En el coche de papá...

—¿Quiénes están? ¿Tu padre y tú?

—No. Está el amigo de papá... Lo volvió a hacer... En el coche...

—¿Y qué estás haciendo tú en el coche de papá con ese tipo? ¿Cómo fuiste a parar al coche?

—Era mi turno de viajar con mi padre... Ya todos han ido con él...

—¿Y adónde van con papá en el coche?

—A entregar el plátano... *"Ahora, ya vuelvo"*, dijo papá... Y ahora... ¿qué me va a hacer? *(gimiendo)*.

—¿Te toca fuerte o suavecito?

—¡Me besa!

—¿Te besa en la boca?

—¡Me besa en el cuello!... ¡Es un asco!... ¡Es feo, es feo!... ¡Que no me toque!.. ¡Lo odio! ¡Lo odio!...

—Pero... La vez pasada y esta, no son las únicas veces... Han habido más veces ¿Verdad?¿Y siempre te hace doler o te toca suavecito?...

—Suavecito... ¡Y luego fuerte!

—Y siempre se toca él, al mismo tiempo que toca a ti, ¿No? Y... ¿nunca te coge la mano y hace que tú lo toques a él?

—Intenta penetrarme...

—Intenta penetrarte... Pero, eres muy chiquita, ¿verdad? ¿Qué edad tienes? ¿Cinco?

—Seis...

—Y ese amigo de papá... ¿Por qué está tantas veces en casa? ¿Vive en tu casa?

—No, no vive en casa. Mi padre lo quiere...

—Si él intenta penetrarte con el pene, es porque antes lo ha hecho con el dedo varias veces... ¿Verdad?

—*(Asiente con la cabeza).*

—Y el dedo ya entra fácil... ¿O no?

—*(Asiente).*

—Además, con las caricias suavecitas, ha logrado darte algún tipo de placer... ¿No es cierto?

—*(Niega con la cabeza).*

—A ti no te gusta... Pero, cuando te toca suavecito... Sí te gusta...

—No quiero que me guste...

—No quieres que te guste porque te lastima... Pero cuando te toca suavecito...

—¡Es feo!

—Y cuando él no está... ¿Te tocas tú también?

—No...

—¿Y dónde dices que intenta penetrarte? ¿Cuando están en el coche? ¿Te causa dolor? ¡Es muy grande!

—Viene mi padre... Y se hace el dormido... Hace calor... ¡Huele mal! ¡Es feo!... Y se hace el bueno...

—¿Alguna vez te amenazó que no hables? ¿O te dijo que no cuentes? ¿Cómo te dijo?

—"Es un juego", dijo... "No es nada...".

—Bien... Descansa profundamente... Cuento desde 1 hasta 5, y vamos al cuarto de los cinco recuerdos elegidos... 1... 2... 3... 4... 5... ¿Dónde estás y cuántos años tienes?

—Tengo 4... Mi tío Jaime me cuida... Quiere que juguemos otra vez...

—Está el tío Jaime, pero no está el amigo de papá... Y ¿Cómo es el juego, esta vez?

—Tengo miedo...

—¿Están solos en la casa? ¿A ver cómo quiere jugar el tío?

—...

—Vamos a filmarlo entonces... Sal de allí... Cuento hasta tres y te conviertes en una cámara filmadora... 1... 2... 3... Mira hacia abajo: allí hay una niña... Tú no eres esa niña, tú eres una filmadora... ¿Está claro?... ¿Cómo está vestida la niña?

—Tiene un vestido... La sienta en sus piernas... Sus piernas son muy chiquitas... Y él las tiene abiertas... Viene con "eso" otra vez: tiene el pene afuera... Le duele...

—¿Intenta meterle el pene o intenta meterle el dedo?

—El pene... *(Gime, se retuerce)*, ¡Le duele!... A él no le importa... ¡Ay!... ¡Que pare!...

—¡Cuento hasta 3 y te adelantas 15 minutos! 1... 2... 3... Ha pasado un cuarto de hora... ¿Qué pasa ahora?

—Me duerme...

—Tienes sangre ¿No?... ¿Te vas y te lavas?...

—Él se está lavando... Y él la lava... La lleva de la mano... Le seca las lágrimas... La abraza y la lava...

—Bien... Vamos a contar desde 1 hasta 5, y vamos a ir al quinto de los recuerdos elegidos... 1... 2... 3... 4... 5... ¿Dónde estás Estelita?... ¿Cuántos años tienes?...

—20... 21... Estoy con Norberto... En una habitación de hotel... Quiere tener sexo... Yo, no mucho... Sé lo que viene...

—¿Qué es lo que viene?

—Me va a penetrar...

—Y eso, ¿es malo o es bueno?

—Me va a doler...

—**Cuando tuviste relaciones a los 18... ¿Con quien tuviste relaciones a los 18?**

—Con Francisco...

—**Con Francisco... ¿Te dolió?**

—Con Francisco no me dolió, porque Francisco es amoroso...

—**¿Y Norberto no es tan amoroso? ¿Es más brusco?**

—Tengo miedo que me haga doler... Está enojado... Porque le he dicho que no es el primero... Está enfadado... Yo quiero, pero no quiero... Me desnuda...

—**Una parte tuya quiere... Y otra parte tuya, no quiere...**

—Bueno... Para... ¡Que pares, que no quiero!... ¡Para, que no quiero!... ¡¡¡Que pares, que no quiero!!!... ¡¡¡QUE PARES!!!... ¡¡¡NO QUIERO!!!... ¡Por favor, para!...

—**Cuento desde 1 hasta 3 y ha pasado una**

hora... 1... 2... 3... ¿Esta fue tu primera vez, con Norberto?

—Sí...

—¿Y había sido brusco todo el tiempo?

—No quiso parar...

—Pero, en algún momento, ¿te sumaste al juego? ¿O volviste a ser una víctima, como cuando eras una niña?... Con Francisco no te fue tan mal, ¿verdad?

—*(Sonríe),* Era amoroso...

—Pero luego, más adelante, vas a convivir un tiempo con Norberto, o vas a estar en relaciones... ¿O esta es tu única vez?

—La única vez en ese período...

—¿No te has acostado otras veces con Norberto?

—Tiempo después... Tiempo después lo intentamos... Y no funcionó...

<u>*COMENTARIO TÉCNICO*</u>

Ya han aparecido gran cantidad de sucesos reprimidos que explican la sintomatología de la paciente. Pero aún no hemos alcanzado la relación entre su tartamudez y su historia. Recordemos que, en la versión de Laura, su hermana un año menor, ella comenzó a tartamudear "de un momento para el otro", o sea, bruscamente.

Como en verdad considero que estoy dialogando con la mente no consciente de Estela, o con su inconsciente en los términos de Freud, se lo pido de manera explícita.

—¡Descansa profundamente!... Yo le voy a pedir, a tu mente no consciente, que volvamos al primer día en que descubres que tartamudeas... Yo voy a contar desde 1 hasta 5 y vamos a regresar al día, al momento, al instante, en que descubres que tartamudeas... 1... 2... 3... 4... 5... ¿Cuántos años tienes y dónde estás?

—3... 3 o 4...

—Bien... ¿Y qué es lo que sucede?... Cuéntame cómo es la escena...

—Estoy en una escalera... Abajo está Laura...

—¿Laura tiene un añito menos que tú?

—Es muy mona... Estamos hablando...

—A ver... Cuéntame de qué están hablando Laura y tú...

—Me dice que baje... Le contesto: "*A... A... Ahora voy*"... ¡Se ríe!... Me pregunta "*¿Qué te pasa?*"... *(En ese momento, Estela aprieta fuertemente sus labios).*

—¿Aprietas los labios, porque te das cuenta que se te está notando que algo te pasa?

—¡NO VOY A HABLAR!...

—No vas a hablar para que no se note, que algo te pasa... ¿Verdad? ¿Por eso cierras así, apretando los labios?...

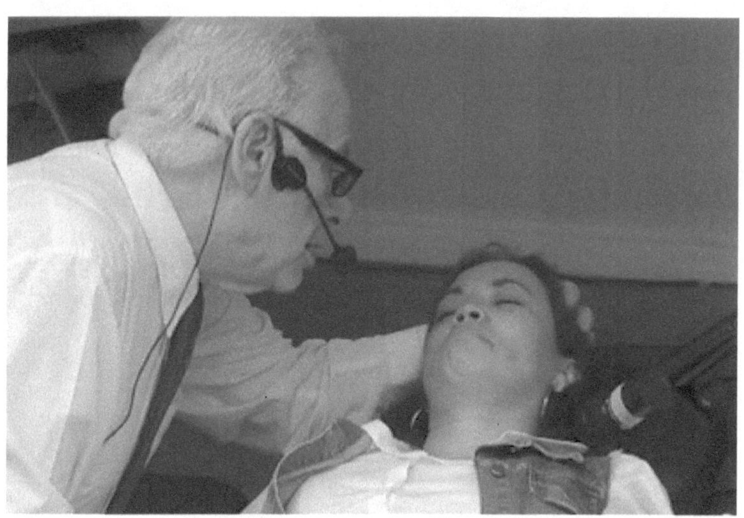

—Y cuando tengo que hablar, las palabras me salen entrecortadas...

—Por ejemplo... Si mamá te dice: *"¿Dónde has puesto algo?"*... ¿Cómo le contestas? *(Hace un gesto indicativo)*, Tratando de no hablar...

Yo voy a contar desde 1 hasta 3, y vamos a retroceder unas horas, o un día... para vivir exactamente lo que está detrás de eso... Eso que te hace cerrar la boca porque tienes miedo de hablar... Porque si hablas, quizás digas lo que resolviste que no debes decir... Cuento hasta 3 y retrocedemos unas horas... O un día... Para ver qué es, exactamente, lo que no debes decir... 1... 2... 3... ¿Qué es? ¿El episodio con el Tío Jaime y con el amigo de papá?

—*(Primero hace silencio... Luego comienza a llorar a los gritos)*, ¡AH! ¡¡¡AAAHHH!!!

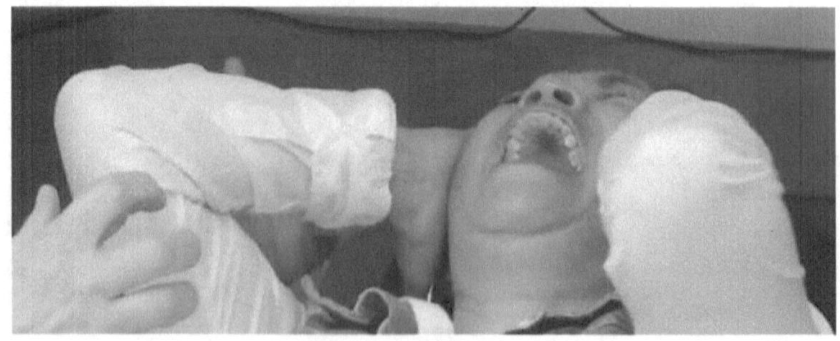

—Cuento hasta 3 y te sales de adentro: ¡1, 2, 3!... Ahora, vas a filmar ese episodio del cual no podías hablar... ¿Es un poco peor, verdad?

Vamos a hacer lo siguiente: Vamos a reemplazar a la niña de esa película, vamos a reemplazarla... La nena de esa película no es Estela, es una nena que se llama LIDIA... Lidia es parecida a ti, pero no eres tú... ¿Está claro? Vamos a filmar esa película... Allí abajo hay una nena que se llama Lidia, es parecida a Estela pero no es Estela... ¿Okey?... Y está con un padre, que es parecido a tu padre, pero no es tu padre... Y con un tío que es parecido a tu tío, pero no es tu tío... Y con un amigo que es parecido al amigo de tu padre pero que no es él... ¿Okey?

COMENTARIO TÉCNICO:
La creación del PERSONAJE SUSTITUTO puede parecer muy inocente, pero es absolutamente necesario para permitirle a la paciente hablar de algo que en algún momento ha decidido que, pase lo que pase, no debe compartir NUNCA con NADIE

Tú eres una cámara filmadora... Relátame lo que le sucede a Lidia...

—... Tienen el pene afuera...

—¿Quiénes están? ¿Dos adultos o tres?

—Dos...

—¿Son el tío y el amigo de su padre? ¿Y como de costumbre, el padre salió por un ratito?

—"*Ya vuelvo*", dijo...

—¿Y qué hacen esos dos adultos con esa niña?

—Le meten el pene en la boca... *(Pone cara de asco).*

—¡Es muy grande!... Y además, los adultos hacen movimientos que hacen que golpee contra el fondo de la garganta... ¿No es así?... Y, en ese momento, la nena siente que se ahoga, ¿no?... *(Estela contesta con mucha gesticulación)...* Hay algo espeso, pringoso, un líquido repugnante que le inunda la boca...

Ella quiere vomitar... Además, le sujetan la cabeza desde atrás, ¿Verdad?... Le sujetan la cabeza para que no pueda retirarla, eh?...

—¡Sí!

—Y se turnan, ¿no?... Ella lo único que espera

es que eso pase pronto...

—No puede pensar...

—¡Bien!... ¡Por fin te has enterado!

Yo le pregunto a esta mujer que hoy cumple 49 años:

Mira allí abajo esa escena... Hay adultos abusándose de esa niña... ¿Vas a dejar que continúen haciéndolo?

Mírala... Están encima de ella... *(En ese momento le coloco un almohadón sobre el cuerpo y ejerzo presión sobre el mismo para recrear la sensación de tener un cuerpo encima... Además, le coloco una lapicera en su mano derecha, como si fuera un puñal...)* ¡Están apretándola!... ¡Mátalos!... ¡Mátalos!... *(Ella toma el imaginario puñal con ambas manos y comienza a disparar puñaladas al aire, no en el almohadón. Luego, fuera de hipnosis, comentará que los tenía encima y que de esa manera los alcanzaba.)* ¡Hasta que se vayan!

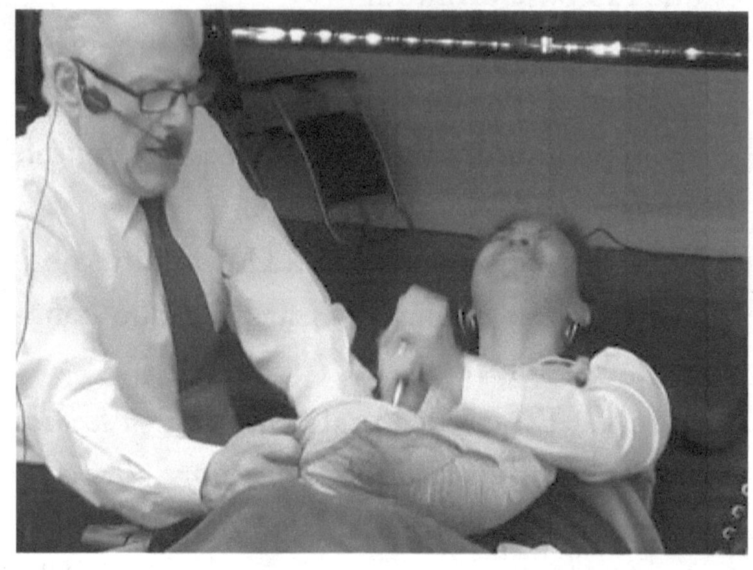

—¡¡¡QUE SE VAYAN!!! ... *(En la filmación contamos un total de 28 "puñaladas").*

—Bien... Y ahora sucede lo más importante... Lo más importante no es lo que le pasó a esa niña, aunque no lo creas... La más importante es que esa niña se siente culpable... Y por eso, esa niña, se va a inventar castigos... El primero, la primera decisión que toma es que NUNCA puede hablar de esto... Y por eso, cuando le tiembla la palabra, y la hermana se ríe, cierra los labios... Y por eso, cuando tenga cuarenta y pico de años, cada vez que sienta que le tiembla la voz, le va a dar mucha vergüenza, porque ella cree que es CULPABLE...

<u>*COMENTARIO TÉCNICO:*</u>
Todas nuestras terapias tienen una estructura de novela policial, donde luego de descubrirse el enigma, es preciso dar un cierre, liberando al inocente que estaba injustamente purgando una condena.
Comenzamos ahora entonces, esa parte.

Quiero que imagines que entras a una habitación y encuentras a Alicita *(su hija)* de 3 o de 4 años... Y la encuentras llorando en silencio... Está llorando en silencio, como lloran los niños cuando no saben que hay un adulto que los está mirando... Tú te acercas, y le dices... *"¿Qué te pasa, Alicita?"*... Y te das cuenta que ella cierra la boca, fuertemente... Lo que pasa, es que dos adultos, le han eyaculado en la boca... ¿Puedes imaginarlo? ¿Puedes ver lo que es una niña de 4 años? ¿Recuerdas como era Alicita cuando tenía 4 años?

Quiero que imagines a Alicita con un pene adentro de su boca... Y quiero que imagines a Alicita en el momento en que el varón le mete el pene y eyacula, y le inunda la boca de esperma repugnante... ¿Puedes imaginarla?...

—¡¡¡Lo mato!!!

—¡Bien!... Pero ahora, esto ya pasó, y la encuentras a Alicita... ¿Tú crees que es culpable de algo?... ¿Tú crees que, además de lo que sufrió, ella debe cargar culpas?... Porque la tienes enfrente tuyo, y se está inventando castigos... Porque ella cree que tiene que ocultarlo, porque es una gran vergüenza...

¿En una gran vergüenza que te pise un coche?

¿Es una gran vergüenza, para una nena de 4 años, que dos adultos le eyaculen en la boca?

¿Se ha convertido en una prostituta por eso? ¡Es una pobre víctima!

Si tuvieras a Alicita enfrente tuyo... ¿No la pondrías contra tu pecho y la abrazarías? ¡Ponla entonces contra tu pecho y abrázala! (Y *le colocamos contra el pecho la muñeca que utilizamos habitualmente en nuestras terapias*)...

La vergüenza que ella siente, es porque ella se siente responsable... Por eso, cada vez que se le trabe una palabra, ella va a sentir: *"Se van a dar cuenta de quién soy..."* ¿Tú crees que ella tuvo alguna responsabilidad?...

Ahora quiero que le cambies la cara a Alicita, y que le pongas la cara verdadera, la de Estelita...

¿Puedes ver ahora lo que es una niña de 4 años? A esta Estelita que tienes contra tu pecho, dos adultos le han eyaculado en la boca... Eso, de por sí, ¡es tremendo!... Pero hay algo peor... Porque eso es algo *que le pasó*... Lo peor es lo *que le va a seguir pasando*... Lo peor es que ella se siente CULPABLE, no VÍCTIMA... Y entonces, le da mucha vergüenza... Y ha resuelto no hablar nunca de este tema...

Recién hoy, en el día de tu cumpleaños 49, recién hoy has podido gritar ese GRITO que estaba detrás de tu tartamudez...

Así que YA NO HAY TARTAMUDEZ, POR-QUE YA NO HAY NADA PARA ESCON-DER...

Recién hoy pudiste "matarlos"... Es decir,

recién hoy pudiste sacártelos de encima, y pudiste defenderte...

Pero para mí es muy importante que esta niña, no la adulta, sino esta niña *(Tocando a la muñeca)* que tienes contra el pecho, cambie su resolución, de que ella tiene algún porcentaje de culpa... y como no tiene ningún porcentaje de culpa, quiero que elimine todos los castigos que se ha inventado... Te pido que, de tu corazón a su corazón, o de tu mente a su mente, la convenzas, como podrías convencer a Alicita, de que no tiene que inventarse ningún castigo, porque ella es SOLAMENTE VÍCTIMA... Y quiero que me avises cuando hayas conseguido convencerla...

—*(Luego de un silencio prolongado se afloja, respira profundo y relaja un tanto su cuerpo).*

—¿Pudiste convencerla?

—*(Asiente).*

—En ese caso, puedes verificarlo respirando hondo... Tiene que entrar más aire dentro de tus pulmones...

—*(Respira profundo).*

—Es así, ¿Verdad?... ¡Se acabó la pesadilla!

¡Descansa profundamente!... Los niños, en el trato con los adultos, quedan del lado de la culpa... Más allá de la gravedad de lo que les haya pasado, está la gravedad de lo que resuelven... Resuelven que ellos merecen sufrir...

Por eso te angustiaba tanto que alguien supiera que eras tartamuda... Porque la angustia que tenías, era la angustia de una niña de 4 años que temía que todos se enterasen que dos varones le habían eyaculado en la boca... ¿Me explico? Eso le daba vergüenza...

Pero ahora, esta niña ha podido entender, porque se lo pudiste explicar, que ella ha sido VÍCTIMA, no CULPABLE... Así que no existen más vergüenzas... Además, has podido recuperar el nombre de tu madre biológica, y sabes que, en resumen, tienes dos madres... Porque Marta, tu madre de la vida, no te maltrató nunca... porque ella aceptó a una hija de su marido, así como su marido aceptó una hija de ella y de otra persona... No fue un mal pacto de amor, ¿no te parece?... Si lo vieras con ojos de mujer adulta... que una madre soltera, una su destino con un hombre que trae una hija de otro vientre, y ambos asuman el rol de padre y madre no es tan malo... ¿No es verdad?

Quiere decir que, a partir de ahora, ya sabes que tienes dos madres... Una que te gestó y te dio la vida, y otra que te crió y te sumó a siete hermanos, para convertirte en la octava.

El anciano te acompaña hasta la puerta del Templo... Y te dice:

"Nada va a volver a ser igual en tu vida a partir de este momento... No vas a tartamudear más... Y si alguna vez se te traba alguna palabra, no vas a sentir vergüenza... Porque nadie puede sentir vergüenza por haber sido atropellada por un auto... Y ahora también vas a tener clara tu identidad... Y eso, entonces va a dejar de molestarte...

Dí entonces las instrucciones para terminar con el trance hipnótico, haciendo el siguiente pronóstico:

"Cuando cuente uno vas a despertar... Cuando despiertes te vas a sentir bien... Te vas a sentir tan bien como no te has sentido en tus 49 años

de vida... Cuando despiertes lo vas a hacer en el curso, con más de 40 compañeros ansiosos por darte un abrazo, y por decirte que te quieren, y que te respetan, y que conocen tu historia, y que se sienten orgullosos de ser tus nuevos amigos"...

El fuerte abrazo del alma que muchas veces recibimos como confirmación del éxito alcanzado en la terapia, fue apenas el preludio para los abrazos con los compañeros. En un caso como éste, donde la sintomatología está fuertemente ligada al temido "juicio público", al "qué dirán", esta muestra de aceptación colectiva es una fuerte herramienta terapéutica.

Testimonio posterior

Estela asistió a un curso posterior, seis meses después, donde dio un generoso informe de los cambios alcanzados en su vida, a partir de la terapia trascripta.

Y en el mes de febrero de 2019, ya preparando este libro, compartió con nosotros este resumen de su historia:

Informe Estela – febrero de 2019

Tengo 51 años, soy la segunda de ocho hermanos, antes de la hipnosis no tenía muchos recuerdos de la infancia, recordaba cosas puntuales: sentimientos, emociones y uno que otro evento, recuerdo que viajar en coche me causaba muchas náuseas, inventaba excusas para no ir a los paseos familiares. Incluso podía quedarme sola en casa, aunque ello me produjera un pánico increíble, nunca tuve sentido de pertenencia por mi familia o mi pueblo, todas mis acciones tenían como fin salir algún día de allí e irme pronto de casa, lo que finalmente conseguí a los quince años, me disgustaba mi físico, era flacucha y poco agraciada, al menos eso pensaba y para mayores penas había nacido con poca visión y mi ojo perezoso siempre andaba desviado.

Sin embargo, había algo que me mortificaba más que todo lo anterior, la tartamudez, esto sí que era la guinda del pastel. Cuando pienso en los dictados en la clase de español o las pruebas orales de historia y biología, recuerdo el pánico que sentía, pienso en mí, sentada en aquella silla, apretando las piernas, sudando frío y rogando ser invisible para no ser sometida a aquella tortura de hablar en público y que mi tartamudez se hiciera evidente.

Bueno, había otra cosa que me mortifica, al parecer me mortificaban muchas cosas a tan corta edad, era el desamor y la frialdad de mi madre, aunque siempre se esmeraba por que todo estuviese bien, su actitud era fría, poco cercana.

Siempre se me juzgó como una persona rebelde, rígida en el orden, muy estudiosa y tímida, *a nadie le dije nunca que estas actitudes eran un escudo para evitar la burla y el cuestionamiento por mi tartamudez, de forma jocosa diré que mi léxico mejoraba con los años, pues siempre estaba buscando palabras que pudiese pronunciar más fácilmente; aun cuando nunca pude encontrar reemplazo para palabras técnicas como esternocleidomastoideo.*

La mayor parte de mi vida estuve enfadada, tenía episodios de ira incontenible, comunicarme era difícil y solía utilizar los gritos para hacerme escuchar, fui muy estricta con mis hijos mayores e incluso diré, con vergüenza, que en muchas ocasiones fui violenta con ellos, sentía temor, de causas desconocidas, que les pasase algo. Sentía la obligación de hacerles fuertes para la vida sin saber cómo o porqué.

Estando en España en 2015 conocí a Armando y Nelly y la Hipnosis Clínica Reparadora, ahora que pienso en ello, diría, hipnosis clínica sanadora.

Pedí me invitase e hiciese práctica conmigo y el día de mi cumpleaños, al tercero del curso,

Armando me pidió pasar al frente, estaba temerosa y pensaba —¿cómo he podido pedir estar acá? hay muchas personas y tendré que confesar mi tartamudez, ¡es un horror!, ¡haré el ridículo!, ¡se reirán de mí! y luego pensé— me repondré de esta, nadie me conoce y la puerta de salida no está muy lejos.

Armando me condujo a mi niñez, incluso a mi nacimiento, tan serena y amorosamente, que, de no ser así, no hubiese podido vivir la profunda tristeza y sufrimiento de aquellas experiencias, que a pesar de haber sido tan lejanas las sentí presentes.

Durante la hipnosis Armando guió y acompañó mi viaje por episodios desconocidos hasta ese momento, fui la niña recién nacida separada de mi madre, fui la niña abusada a los cuatro años por dos hombres, reviví la violencia de aquel abuso, el dolor, la desesperación, los gritos ahogados, reviví los abusos sucesivos en el coche de mi padre por su mejor amigo, hasta el punto de la resignación, Todas aquellas experiencias lejanas, ahora eran presentes, y eran presentes el dolor y la confusión de aquella niña pequeñita que no entendía nada, pero que en el fondo sabía que lo que le estaba pasando era muy malo.

Siempre guiada y acompañada amorosamente por Armando pasé los momentos más difíciles de mi vida, pude enfrentar aquellos hombres, defenderme y vivir una experiencia maravillosa de reparación y sanación: Abrazar mi niña interior, estar para ella como no lo estuvo nadie en aquellos momentos, hacerle saber que nada de lo ocurrido era su culpa y envolverla en amor infinito.

Cuando Armando me pidió abrir los ojos, no quería hacerlo, el auditorio estaba en silencio y todos los asistentes esperaban en fila para darme un abrazo, y así la vergüenza fue dando paso al amor.

Finalmente comprendí el desamor, sin reproches, de mi madre adoptiva, comprendí mi tartamudez, mi enfado de años contenido y corroboré lo que siempre he sabido, descubrir las causas subyacentes de un problema, resuelve el problema.

Después de la hipnosis, lloré durante semanas, estaba tan triste y sentía tanta culpa por tantos eventos desafortunados, desencadenados por aquellos momentos de infortunio, especialmente con mis hijos, no sabía cómo elaborar la culpa.

A partir de allí se han dado profundos cambios en mi vida, terminé con mi pareja y su maltrato psicológico, entendiendo este, sin justificarlo, como un espejo de mi misma, así me veía: indigna, no merecedora, incapaz. Regresé a mi país con mis hijos a recomponer las relaciones rotas, puedo decir que las heridas por los abusos sanaron, justo durante la hipnosis, las secuelas es otra cosa, toman tiempo, necesitan paciencia y voluntad férrea, aunque todavía quedan rezagos de mis momentos de enfado ahora soy más consciente de ello y van desapareciendo, mi espíritu está tranquilo y cada día construyo un poquito más la relación con mis hijos y conmigo misma.

Gracias, a ti Armando y a tu mejor mitad, Nelly, gracias por el detalle de celebrar, aquel día, mi cumpleaños, gracias a todos lo que asistieron en aquella ocasión por todo el amor y respeto que me prodigaron.

¡Ah!, Si se preguntan si aún tartamudeo, a veces, muy pocas veces.

Finalmente

Elegimos concluir este emocionante caso, que la generosidad de Estela nos ha permitido describir con extensión, con los párrafos finales con los que se dirigió a sus compañeros en el curso mencionado de abril de 2017:

"Pienso yo... ¿Qué compartiría yo con ustedes?

Primero: La importancia, no de si aplico bien o no aplico bien la técnica o cómo la aplico...

La importancia de saber que quien está ahí es un ser humano... Un ser humano que se convierte en un niño... Y que necesita todo el amor del mundo... ¡No necesita la técnica, necesita AMOR!

Ese niño necesita AMOR... A mí lo que más me ayudó fue sentir la cercanía de Armando...

Hablarme como Estelita, entender por lo que pasaba Estelita, ahí sentada, ¿sí?

Pienso yo, que quienes se dedican a esto de la terapia, eso es muy importante... No interesa "Que se acabó la hora, y págame que me voy", no, no, no... Es un ser humano que está ahí sentado... Y, Armando para mí, fue mi partero... ¡Porque volví a nacer. Volví a nacer ese día!...".

¿Aquí concluye todo?

A veces sí. A veces es solo el principio, porque la solución de un problema permite que emerjan otros que estaban ocultos por este.

Por eso decimos que la HIPNOSIS CLÍNICA REPARADORA ® es una Hipnosis Consciente, Regresiva e Intervencionista.

Se trata de una terapia corta, que a la manera de una intervención quirúrgica, bucea en el interior de cada paciente buscando encontrar y reparar lo que la está haciendo sufrir.

Nuestra tarea es librar a nuestros pacientes

del pago de injustas condenas establecidas en su infancia.

Queremos terminar esta parte del libro, planteándole, amigo lector, la misma pregunta que les planteamos a nuestros alumnos en nuestros cursos:

Imagine que a mi consultorio viene un señor de 40 años que renguea, que cojea. Le ha pasado toda su vida. Yo lo observo, y le pido que se acueste en una camilla, tomo un centímetro y le mido sus piernas. Y le digo: *"¿A ti nunca te dijeron que tu pierna derecha en un centímetro más corta que la izquierda?"*.

"¡No!", me responde asombrado.

"Ve al zapatero, dile que te ponga un suplemento de un centímetro en el zapato derecho, y vuelve aquí"

Cuando está de regreso, lo hago acostar nuevamente y, calzado, vuelvo a medirle sus piernas.

"¡Ahora sí están iguales! Ya puedes irte..."

Y entonces, les pregunto a los alumnos:

"Ustedes qué creen? ¿Que va a caminar derecho o que va a renguear?

Y reitero esa pregunta para usted, amigo lector. ¿Va a caminar derecho o va a renguear?

Las respuestas usualmente se dividen en dos bandos: unos creen que va a caminar derecho porque ahora sus piernas están iguales y otros que va a renguear porque lleva 40 años haciéndolo y está acostumbrado.

Mi respuesta es que hará ambas cosas. Cuando salga del consultorio, seguro de la desaparición de su problema, va a caminar derechito. Pero que cada vez que se distraiga, cada vez que lo olvide, *va a volver a renguear, porque lleva mucho tiempo haciéndolo.*

Y que la manera de ayudarlo será recordárselo, marcárselo. Decirle, por ejemplo:

"¡Ey, estás rengueando! Recuerda que ya no hay motivos para eso, que ahora tus piernas están iguales"

Y así deberán continuar nuestras terapias: recordándoles cuando sea necesario a nuestras pacientes o ex-pacientes que merecen ser felices, tener buen compañero, tener orgasmos, vivir...

Para lograr esto no es imprescindible estirar las sesiones: se puede hacer usando el teléfono, el Whats App, el Skype...

También, muchas veces, una vez solucionado el problema que nos han traído, aparecen otros que estaban ocultos.

Cuando un plomero soluciona el problema de una casa donde no circulaba el agua, moviendo de su lugar una bolita de pelos y jabón que obstruía el paso... ¿Allí concluye todo?

A veces... Otras no, porque recién ahora que circula el agua se descubre que hay un caño con pérdidas y dos canillas que no cierran...

EL CASO OFELIA

(O "De cómo fui candidateado al Premio Nóbel", jejé)

La historia

Estamos dictando un curso en Buenos Aires, en el año 2015. Una de las alumnas, OFELIA, una médica joven procedente de Colombia, me pregunta si yo la puedo ayudar. Tiene un problema que está a punto de concluir con su matrimonio: carece de libido y, entonces, aunque ama a su marido, rehúye a los contactos sexuales. Ha intentado muchas cosas, pero nada funciona... Me desafía graciosamente, prometiéndome que si la consigo ayudar, va a gestionar para mí el Premio NÓBEL...

Esta fue mi explicación a los compañeros, a partir de la ficha con su historia, que yo ya había elaborado:

—**Ofelia tiene 41 años, papá se llama Adrián y tiene 71. Mamá se llama Amalia y tiene 68. Mamá tuvo algunos intentos de quedar embarazada y después de 2 intentos pudo tenerla. Ofelia es la hermana mayor y tiene un hermano de 40 que se llama Adrián y tiene una hermana de 27 —o sea 14 años menos— que se llama Marina.**

Pero ella nos va a contar qué es lo que le sucede y después yo seguiré leyendo las anotaciones que hice.

—Realmente yo no podría precisar cómo se llama lo que tengo... Es como una poca necesidad, por decirlo así, de tener contacto sexual, relaciones sexuales. Si lo puedo evitar, mejor. Para quien está soltera puede ser fabuloso, pero estando casada es todo un conflicto. Mi marido es una persona de 41 años, activo sexualmente, que quisiera tener un ritmo sexual de todos los días, o al menos de un día si un día no... Y yo si puedo una vez al mes, estoy feliz... No es que no logre tener orgasmos: sí lo logro, luego de una serie de muchos esfuerzos y muchos pasos... Con los orgasmos la paso bien, pero luego de mucho trabajo... Llegar hasta ese punto es lo que empieza a ser todo un problema para mí... Siento que me pone la mano en el hombro y pienso: "¡Ay, ya sé para dónde viene!"... Y aunque mi mente consciente me dice "Sí ", mi cuerpo dice "No"... Puedo no tener ni una gota de sueño y acostarme sin sueño, pero en el momento que empezamos, bueno si estamos por empezarlo, me entra un sueño increíble: empiezo a bostezar que no lo puedo evitar... Él me dice "Qué, ¿no quieres?"... Y sí... Yo sí quisiera, pero no es algo que yo pueda manejar...

—Está claro que ella está pidiendo ayuda en los términos que ya expliqué anteriormente: hay una parte de ella que sí quiere tener, y hay una parte de ella que, rotundamente, no quiere tener sexo... La parte que quiere tener sexo sabe que la va a pasar bien pero no puede con la parte de ella que no quiere tener sexo... Hasta que llega un punto en que la parte que quiere, logra vencer a la que no quiere... Con la ayuda de su marido...

—Por supuesto... Pero ese es un proceso en el que yo, antes, pienso: "Sí, la vamos a pasar bien"... pero cuando llega ese momento aparece la otra parte que dice: "No, tienes que dormir, mañana tienes muchas cosas para hacer"...

—Cuando le pregunté acerca de su vida sentimental me contestó que su primer novio se llamaba —se llama— Abdul. Es pakistaní, y la relación duró desde los 18 a los 22 años. Cuéntanos, por favor, lo que pasó de particular...

—La relación con él fue, al principio, una relación de cuento de hadas... Él es musulmán... Y a medida que la relación fue creciendo en el tiempo, empezaron las prohibiciones: que no puedo hablar con los hombres, que no puedo saludar con un besito en la mejilla, que no puedo usar pantalones... Poco a poco me fue cambiando y yo acepté... Yo aceptaba en parte porque tengo una historia: mi mamá me había dicho: "El novio que usted traiga aquí, va a ser su esposo. ¡Es ése o nadie! A mí no me vas a traer 120 novios, o algo por el estilo... Porque aquí, el que traiga, es para casarse"... Y yo asumí eso como una realidad. Él fue entonces haciendo modificaciones y yo tuve que aceptarlo... porque él iba a ser mi esposo, porque ya mi papá y mi mamá sabían que él era mi novio... Me dijo por ejemplo, que cuando yo fuese médico —yo estudiaba medicina— no iba a ejercer porque las mujeres no pueden hacer ese trabajo: las mujeres están para cuidar a los hijos y los hombres proveen. Yo no estaba de acuerdo con eso, y en el ínterin comenzaban a haber problemas... Hubo hasta maltrato físico... Yo aguanté por un tiempo, porque yo decía: "¿Cómo puedo yo terminar con él, si ya mi papá y mi mamá lo conocen? Tiene que ser mi esposo, porque yo ya no puedo llevar más novios a mi casa"... Esa situación duró cuatro años, hasta que me dije: "¡No! No va a ser mi esposo... quedaré solterona o lo que sea... ¡Pero no!""... y rompí la relación. Fue una relación bien tormentosa, bien dura, porque yo quería desatarme y una parte de mí decía que no puedo...

—**Continuemos. Su marido llama Fernando y se pusieron de novios desde sus 28 años, y un año y medio después se casaron. Y tienen dos hijos: Diana de 13 y Alberto de 11. Cuéntanos cómo fue cuando comenzaste a salir con Fernando.**

—Yo lo conocí haciendo laboral: él era médico y yo también. Todo el mundo hablaba muy bien de él y cuando yo lo vi, me dije "Sí, es un chico guapo y simpático". Yo, en mi mente, tenía como un formulario a llenar... ¿Simpático? ¡Sí!; ¿Trabajador? ¡Sí! ¿Buena gente? ¡Sí!... Hasta que al día siguiente tuvimos un trabajo comunitario... Terminamos ese trabajo comunitario y estábamos comiendo los dos... Y yo le dije: "¿Sabes que la mujer de tu vida y la madre de tus hijos voy a ser yo? Te lo digo de ahorita, para que lo sepas"... Se rió todo el mundo: yo no sabía si él tenía novia o si no tenía novia... Lo cierto es que es mi esposo hasta la actualidad...

—**Le pregunté quién fue el primer hombre con el que tuvo relación, y me dijo que fue con**

Abdul, a los 18, y que no recuerda si sangró, porque estaba muy asustada realmente. Y le pregunté además, qué memoria tiene de su infancia, si recuerda las cosas de su infancia...

—Yo fui la hija perfecta: yo cargaba con la responsabilidad de ser la hija perfecta, yo tenía que ser la hija perfecta, porque tenía que darle el ejemplo a mis hermanos: porque yo tenía que estudiar, graduarme, casarme, en ese mismo orden, todo perfecto porque así lo dice la ley, y así es así... ¡Y punto! Yo cargue por muchos años, cargo todavía, con esa cuestión de que yo soy el ejemplo... Entonces tenía en todo que ser el ejemplo y tuve unos padres que fueron muy rígidos, muy rígidos, muy rígidos... Recuerdo muchísimas veces quedarme vestida para ir para algún lado y que me digan: "No, porque usted solo me informó, usted no me pidió permiso, quítese la ropa porque se queda"... Y yo obedecía, o sea que no protestaba ni nada. Me encerraba en mi cuarto a llorar y ya está... Nunca he aprendido a hablar. De paso, yo era la gordita del salón... ¿quién invita a la gordita?...

—¿**Cuándo comenzaste a engordar? (En la actualidad tiene una silueta perfecta)**

—Desde siempre... Siempre fui gordita, desde niña fui gordita... En mi vida el momento más delgado es ahora. Siempre fui gordita y siempre fui la hija perfecta... Entonces era todo perfecto: no puedes ir a pelear con nadie, no puedes hacer nada malo, no puedes decir malas palabras, no puedes portarte mal, no puedes llegar tarde, todo en esa norma... Yo crecí siguiendo las normas aunque a veces no las entendiera y de hecho, aparte, era la mejor estudiante, la mejor alumna, mis papás se sentían muy orgullosos, yo los hacía sentir muy orgullosos... Y eso era como una recompensa para mí: yo los hago sentir orgullosos... Y eso a la vez era mi condena, porque entonces me comparaban. "¡Porque tu hermana!... ¡Mira cómo es tu hermana!...", le decían a mis hermanos... Entonces, hasta ahorita, mi hermano me odia. Mi hermano me ve y es como si estuviera viendo a Satanás y yo voy a su casa y lo abrazo y lo beso, pero un hermetismo absoluto, absoluto. Porque yo fui con la que le lavaban la cara... Además, mi segundo nombre es "Consuelo".

—¿Consuelo?... ¡Por si no entendiste cual es tu misión!...

—Sí, era el nombre de mi abuela... Y me decían con orgullo: "Este nombre no es gratis, no es regalo... La única nieta que se llama como su abuela es usted y ese nombre no es en vano"... Y yo he cargado toda mi vida con ser el consuelo de mucha gente, ser la consolación de mucha gente, y cada vez que pasa alguna situación en que yo consolaba a alguien, mis papás me decían: "¿Viste hija?"... Consuelo... Usted tiene ese nombre bien puesto"... Cuando era chica vivía en un pueblito muy chico que apenas figura en los mapas... es un pueblo de cuatro calles, en el cual yo no conocí nunca a los vecinos de mi casa... Y para ir a la casa de mi tía que vivía en la misma calle, yo tenía que pedir permiso y por lo menos, planificarlo con 24 horas de anticipación...

—¿Y hasta qué edad estuviste en tu pueblito?

—Hasta los 16. A los 16 me fui parcialmente

a Barranquilla que estaba cerca de casa, pero parcialmente porque volvía los fines de semana... Vivía en una residencia en Barranquilla, pero con estricta vigilancia porque estudiaba en la universidad donde mi papá trabajaba. Fue la que él eligió, porque la primera vez que yo desobedecí la norma fue siendo médico... Porque ellos querían que yo fuese ingeniero. Pero yo le dije que no, que yo iba a ser médico o cocinera. Una de dos. Que yo no iba a ser ingeniero. Yo había quedado con mi cupo en la Universidad Nacional de Colombia que era mi sueño, y él me dijo que no... Esa fue la primera cosa en la que lo reté, fue ser médico... Pero yo tengo una dependencia extrema de mi papá, tengo una dependencia patológica. Yo lo reconozco, no sé cómo modificarlo: es una cosa que me ha causado muchos problemas...

La terapia

De manera similar al resto de las terapias, indujimos a Ofelia en un trance no muy profundo, que nos permitiera continuar hablando con ella todo el tiempo. La condujimos al Templo del Tiempo y la colocamos frente a puertas que conducían al pasado. Y emitimos una consigna terapéutica tendiente a limitar el trabajo: No nos interesaba cualquier recuerdo, solamente aquellos que le permitieran entender y sanar sus problemas.

Recuerdo Cero

El primer recuerdo trato de que sea neutro, de que se ubique en un día cualquiera de su infancia "donde no está ocurriendo nada especial, ni bueno ni malo". De todas maneras ella se agita y gime...

—Tengo 10 años estoy en mi habitación... Otra vez me castigaron: ¡No me dejan salir, no me dejan ir sola para ninguna parte: quería ir a jugar con los muchachos a la otra casa y no me dejaron salir... ¡Siempre pasa lo mismo!

Le pido entonces a su mente no consciente que traiga cinco recuerdos vinculados con el origen de "Esto que te pasa".

Primer recuerdo

—Estoy en la casa. Tengo 12 años. Mamá me está reprochando, porque yo no tengo que ver a ningún muchacho y ni que ningún muchacho se me acerque a decirme nada... Porque yo le dije que hay un muchacho que era simpático, y ella me dice que las mujeres no pueden tener amigos, que los amigos de las mujeres son como el ratón y el queso, que los hombres no son amigos de las mujeres, que no hay amigos hombres, que no son amigos, que lo que quieren es siempre algo más...Que siempre quieren tener sexo con las mujeres, nada, no puedo tener amigos...

—**¿Y tú ya sabes lo que es tener sexo o te lo dice así pero no te explica?**

—Sí: es mancharse la moral, que *"La moral es como el agua: después que se cae nunca se recoge lo mismo ni la recogen limpia"*, entonces no puedo bailar. Bailar es malo porque excita a los hombres... no puedo ser amiga de los hombres porque eso es malo... y si quería aprender a bailar estaba la escoba... Si no, que bailara con mi hermano, y que si ella tuviese mi edad, ni que viniera el hijo de Rockefeller a decirle nada... que yo lo único que tenía que hacer era estudiar...

Segundo recuerdo

—Tengo 14 años. Estoy en mi casa. Mi hermano y yo le insistimos a mamá, como a mí no me dejaban ir a una fiesta ni a ningún lado, que hiciéramos una fiesta en la casa, que invitaríamos a los amigos a la casa... Y se hizo con una condición: "Que ahí no van a estar ni bailando boleros ni nada de eso que significara acercarse el cuerpo bailando con otra persona porque se acababa la fiesta" ...

Y así fue... Cuando ella se descuidó, mi hermano cambió la música y estaba bailando una música suave con otra persona... Cuando ella escuchó eso, salió y me agarró por el pelo y me sacó de ahí y se acabó la fiesta... ¡Frente a todos! y dijo que yo sabía cuál era el trato, que eso no era lo acordado... Llorando me metí en mi cuarto y se acabó la fiesta...

—Además te avergonzó frente a los amigos...

—Sí... Había como tres o cuatro personas, pero yo no tenía amigos, eran más amigos de mi hermano...

—¿Papá estaba en casa?

—Sí

—¿Interviene o no?

—No, no interviene... Ni se enteró. Después, cuando le contamos, dijo: "Tú sabes cómo es tu mamá"... Él era el único que me acompañaba, con el que yo podía hablar de los chicos, de que alguien me gustara, que me dijeran algo... Él era mi confidente...

Tercer recuerdo

—Estamos llegando a casa de alguien de la familia: papá, mamá mi hermano y yo. Mi papá saluda y entra, y yo quería entrar rápido y saludé rápido y entré... Y me hizo regresarme a saludar, porque no escuchó cuando yo saludé: papá no escuchó cuando yo saludé a mi tía y me dio un golpe delante de ella para que saludara:

un golpe en la cabeza... Era muy importante que uno cumpliera siempre "todas las normas", tenía que ser una niña perfecta...

Cuarto recuerdo

—8 o 9 años... Estoy en el colegio... era la "Novia del colegio" tenía las mejores notas y allí le dicen la "Novia del colegio"... Y mi papá se sentía muy orgulloso como siempre y me pusieron un vestido muy lindo, hablé en público, en el micrófono, un discurso... pero estoy sola, no tengo amigos, nadie se me acerca, no tengo amigos, son puro adultos... Es para ellos (llorando) y yo estoy sola, los compañeros lo único que quieren es burlarse de mí... ¡De qué me sirven las notas si siempre estoy sola!...

Quinto recuerdo

—Tengo 9 años, estoy en el patio de la casa de mi tía, estamos jugando fútbol con los primos... Mis primos y nosotros, mi hermano y yo.

Siempre me sacaban del grupo porque yo jugaba mal y siempre se reían de mí... Mi papá lo que hacía era que compraba los balones y yo era la dueña... me aceptaban para jugar porque yo era dueña del balón pero igual nadie me quería... y mi hermano siempre se molestaba y terminaba arrancándome el balón de las manos y me sacaba del grupo: yo no tenía la culpa de no saber jugar eso... (llora y llora) Siempre pasaba lo mismo. Cuando le decía algo a mi papá, lo que hacía era castigar a mi hermano y lo que conseguía era que me agarrara más rabia o no me dejaban ir directamente a ninguna parte.

Le pido a su mente no consciente que traiga entonces **dos recuerdos prohibidos: "Recuerdos de cosas de cosas de las que nunca pudiste hablar o, si lo intentaste, no te escucharon... Cosas que te hicieron... O cosas que tú hiciste... O cosas que viste o cosas que oíste, de las que nunca pudiste hablar"**...

Me dice que siente frío, un frío interior, y no ve nada. Como yo entiendo que estoy dialogando con el inconsciente de mi paciente, explicito mi necesidad y le manifiesto qué es lo que preciso para ayudarla: "Yo le voy a pedir a tu mente no consciente que te permita, que nos permita, darle protección a esa niña que la pasó tan mal... Hay una Ofelia que quiere ser mujer, que quiere ser feliz... Y hay una Ofelia que, trabajosamente, cada día, intenta estropearlo. Yo sé que eso no sucede porque sí, sé que sucedieron cosas que están afuera de tu memoria normal... Yo le pido a tu mente no consciente que abra el baúl de los recuerdos olvidados, de los recuerdos escondidos... Y vamos a ir a buscar cuatro sucesos, cuatro eventos, que seguramente están afuera de la memoria pero que ocurrieron, créeme que ocurrieron... voy a contar desde uno hasta diez y va a aparecer el primero de estos cuatro recuerdos perdidos"...

Primer recuerdo perdido

—Olga se fue... Olga nos cuidaba a nosotros, vivía con nosotros en la casa... Tengo 7 años... No sé, no sabemos, por qué se fue... Ella escapó,

escapó de la casa, no sabemos que pasó: se fue de noche, brincó la cerca, no sé... Yo la quería mucho y era la persona que nos cuidaba con cariño... Ella escapó y nunca más se habló de ella... Una vez la vimos en la calle y no la pudimos alcanzar...

Mamá nos dijo que se había enamorado y se había ido, se había ido con un hombre... Y siempre lo ponían como algo feo: la mujer se enamoraba y era algo feo, una mujer se enamoraba y si no se casaba era algo feo y ella había hecho algo feo y se fue, se fue como un ladrón en la noche, y no se despidió de nosotros... mamá sugirió que por el amor a un hombre que no terminó en casamiento se tuvo que escapar como una ladrona...

Era la que estaba con nosotros casi todo el tiempo porque mi mamá y mi papá trabajaban y se fue sin dejar rastro sin aparecer nunca más... Yo sentí que me abandonó, que no le importó de nosotros y ella era mi amiga, la que me cuidaba...

Segundo recuerdo perdido

—Hay una señora que es amiga de la familia. Vive cerca y nosotros íbamos mucho para allá, Y le tenía mucho cariño también, se llama Juanita... Ella era muy amable con nosotros... Pero a mi mamá no le gusta que vayamos para allá... y después nos enteramos que ella quería romper el matrimonio de mi papá y de mi mamá, que ella quería meterse en el medio... Que quería enamorar a papá... Me enteré por lo que escuchaba de mi mamá y por lo que hablaban y decían y después nos prohibían ir para allá... Mamá se lo decía a mi papá... a veces peleaban y yo los escuchaba... lo que más me dolía es que mi papá era perfecto para mí... No podía permitir que nadie rompiera esa imagen... ¡Me daba rabia con mi mamá que le dijera cosas así a mi papá!... ¡Mi papá era perfecto, perfecto, él es perfecto, no se equivoca, es el hombre maravilloso, no va a hacer nunca nada malo, si él es maravilloso, nada que nos haga daño, mi papá es lo máximo!... ¡No me gusta ver a mi mamá así!... ¡Esa pelea, esa cosa que decía, que atacaba a mi papá, quería romper la imagen de mi papá y eso me daba miedo, me daba rabia! ¡Me daba miedo porque él es mi Superman, él no puede tener ningún error...

—¿Y si él tenía un error donde se iba a parar tu mundo?

—Yo no sé, pero él no podía tener errores: ¡Él es perfecto para mí! ¡Me daba miedo de que ella en eso tuviera razón y que no fuese tan perfecto como yo me lo imaginaba! ¡Él era perfecto para mí! ¡Yo necesitaba que fuese perfecto! ¡Yo necesitaba que mi papá siguiera siendo perfecto! ¡No quería escuchar nada malo de él!

—Yo voy a contar desde 1 hasta 3 y vamos a ir a un recuerdo encadenado a éste donde también aparece un papá imperfecto:

Primer recuerdo encadenado

—En casa de Juanita, yendo a casa de Juanita con mi papá... Aunque mamá dijo eso, a veces papá me lleva... Era como una visita... Pero vi una expresión en su cara que no era muy santa que digamos... Él no era el santo que yo creía...

—**Los chicos se dan cuenta de las cosas, no son tontos...**

—¡Había gestos que yo no quería ver, ahí!... ¡No puede ser así! (llora)

—**Y tampoco se lo puedes decir a mamá...**

—¡A nadie! Estamos en la cocina y él le hace un gesto extraño con la cara de picardía que es raro, que es sugestivo, no sé, pero no me gustó... Era que como que confirmaba lo que mi mamá decía...

—**Pero mamá decía que Juanita quería meter una cuña en el matrimonio, pero el gesto se lo viste hacer a papá, no a Juanita...**

—Ella le sigue la corriente pero el gesto lo estaba haciendo él...

—**Yo cuento desde 1 hasta 3 y vamos a ver cómo sigue esta historia: 1... 2... 3... Y ahora ¿dónde estás?**

—Ahí mismo, pero ya ellos no están ahí... Yo no sé dónde están... no sé si están en un cuarto... no sé dónde están... yo sigo ahí en la sala... no sé, pero escucho como ruido...

—No quieres escuchar pero no puedes evitar escuchar... ¿Qué edad tienes?

—9 más o menos...

—¿Y qué pasa cuando papá reaparece?

—Que se había olvidado que yo estaba ahí... No se dio cuenta que yo seguía ahí... y cuando me descubre, se asombró y me dijo "Vámonos... No le digas nada a tu mamá... Que tú sabes cómo es ella"...

—Y en ese momento termina de caer la ficha ¿verdad?

—¡Sí! ¡No puede ser! (Llorando), ¡Mi Superman! ¡Él es perfecto!...

—¿Y qué pasa ahora que descubriste que Superman no es Superman?

—Que él también se equivocó... ¿Cómo me pueden pedir que sea perfecta, si ellos no lo son?

—Y entonces ¿qué vas a hacer?

—Yo no voy a ser perfecta...

—¡Bien! ¡Es una buena resolución!...

—¡Voy a ser feliz, independientemente de que eso no sea perfecto! ¡No voy a complacer a nadie más!...

—¿"A nadie" te refieres a mamá y a papá? Y sigamos tirando del hilo... Cuento desde 1 hasta 3 y vamos al siguiente recuerdo enlazado con este... 1... 2... 3...

Siguiente recuerdo encadenado

—Recuerdo cuando mi hermano peleaba conmigo, que nos quedamos mucho rato en la casa. Él tiene como 10 y yo tengo 11 y estamos solos en la casa... Él se enojaba si yo no hacía lo que él quería... Y me golpeaba también...

—¿Y a qué juegan? ¿Al esclavo y al rey?... Donde uno manda y el otro obedece... El esclavo tiene que obedecer... ¿Y qué te pide el rey que hagas?

—Tenía que jugar a lo que él dijera, jugar béisbol o recoger sus cosas, hacer la tarea de él, o lo que él quisiera... y él, si yo no lo hacía, se enojaba, se ponía bravo... y me golpeaba... Cuando venía mi papá, yo se lo decía a mi papá, leyendo el periódico y me decía que le dijera que me había hecho: "Dale patadas, dale cinco patadas..." decía sin abandonar el periódico... y yo contaba y las iba dando y él iba contando... pero no veía lo que hacíamos, solo escuchaba lo que contaban los números que yo le decía: 1... 2... 3...

—**Pero no te sentías protegida por papá...**

—Me sentía vengada: era una venganza, no era protección. Él leía su periódico, y creía que si yo lo pateaba a él, y él me daba tres y yo le daba cinco era suficiente... Por eso mi hermano también ahora me odia...

—**De la lista de cuatro recuerdos perdidos, todavía me faltan dos... Ya sabemos que esta niña descubrió que Superman no existe, ya sabemos que esta niña no lo pudo hablar con nadie, pero que ha quedado roto su compromiso de ser perfecta... Le pido entonces, a tu mente no consciente, que busque los dos recuerdos siguientes...**

Tercer recuerdo perdido

—Estoy en casa de mi tía, la hermana de mi mamá que vive cerca... Tengo 8 o 9 años... nos quedábamos a veces con ella, con mis primos, en las tardes, porque mi mamá trabajaba... Está mi primo Carlos, de 14 o 15 años... Él es el mayor del grupo... es tarde nochecita y no sé cómo yo llegué al cuarto donde estaba él... era el cuarto de mi prima donde siempre jugábamos, pero él estaba ahí... y me invitó para ahí adentro y nos fuimos allá... él se metió en el baño y me llamó para allá... y él se desnudó y quería que yo lo viera y que lo tocará... y que si no lo hacía él iba a decir a todo el mundo que yo lo estaba seduciendo, que lo estaba enamorando, y era falso... yo no lo estaba haciendo pero él me estaba amenazando... y entonces... y entonces yo lo toque... yo ahora no veo qué más pasó allí, pero yo estaba allí...

Como aparece una fuerte resistencia utilizo el inocente truco de crear un personaje sustituto:

—**Vamos a hacer una cosa: vamos a reemplazarte, vamos a colocar allí a otra niña muy parecida a ti, pero que no eres tú... Se llama... Marta... Marta es muy parecida a ti: tiene un papá y una mamá muy parecidos a los tuyos, tiene** dos hermanos como tú, tiene un primo como tú... pero no eres tú... Marta entró en el baño con su primo... y su primo se burla de ella... se aprovecha de su mayoría de edad y se desnuda... Marta está muy confundida, pero también tiene curiosidad... ¿No es cierto? Cualquier chica de 9 años tiene curiosidad cuando ve un chico desnudo... máxime porque cuando más te prohíben algo más tienes ganas de ese algo... ¿No es verdad?... Marta está muerta de miedo... Yo cuento desde 1 hasta 5 y tú te conviertes en una cámara cinematográfica, que filma lo que le pasa a Marta... 1... 2... 3... 4... 5... Mira allí abajo... ¿La puedes ver a Marta? ¿Y lo puedes ver al primo?... El primo se ha desnudado... Y Marta, ¿cómo está vestida?

—Tiene un vestido de flores chiquititas...

—¿Y el primo no quiere que Marta también se quite la ropa?

—Sí quiere...

—Y Marta está como paralizada, como un conejo frente a una serpiente... ¿No es cierto?

—Sí...

—Y entonces... ¿qué sucede? ¿Ella se quita la ropa o él se la quita?...

—No, no se la quita... Está asustada... ella le agarra el pene... y tocan... tocan la puerta y él le dice que se calle, que se quede ahí... y él salió y ella se quedó ahí encerrada... y después... y después sale, se va... y se fue...

—Pero yo cuento desde 1 hasta 3 y vamos al siguiente recuerdo similar en la vida de Marta, porque las cosas no concluyeron allí: 1... 2... 3... ¿Dónde está Marta ahora? No es Ofelia, es Marta, es muy parecida a Ofelia, pero no es Ofelia... así que puedes contarme tranquila lo que hizo Marta... o qué es lo que le hicieron a Marta... ¿volvió a encontrarse con Carlos?

Recuerdo encadenado

—Siempre lo veía, pero no se le acercaba... Lo evade...

—Pero no siempre puede evadirlo... ¿No?... Además, tiene curiosidad... pero Marta tenía mucho miedo, mucho miedo a la sanción...

—El miedo era más grande que la curiosidad... ¡Mucho miedo, mucho miedo! ¡Hice algo muy malo, muy asqueroso!

—**Pero hubo más episodios en la historia de Marta... ¿No es verdad?**

—No los veo... Pero eso es terriblemente malo... Ella se quiere esconder...

—**Pero ya sabe que no hay seres perfectos... Ya sabe que Superman no existe... Es muy malo... Pero tú eres una cámara cinematográfica en este momento, y por suerte me estás hablando de Marta y no de Ofelia... así que puedes firmar tranquila el próximo episodio... Cuento desde 1 hasta 3 y vamos el próximo episodio en la vida de Marta: 1... 2... 3...**

—Pareciera como que hay una violación... Pero no lo veo... Veo el sitio...

—**Comencemos por el sitio entonces...**

—Es la misma habitación donde estaba ese baño... es como de noche...

—**¿Marta alguna vez se quedó a dormir en esa casa?**

—Sí. Casi siempre está la prima... Pero la casa

es muy grande, de calle a calle, y es de tarde-noche... No la veo en el acto, pero la veo después... como confundida... como tirada así en la cama... sin saber qué hacer... pero no veo a la persona, no le veo...

—Voy a expandir tu tercer ojo, ese que sirve para ver lo que los ojos no ven (y utilizo una sugestión hipnótica que suele aumentar el grado de comprensión de lo evocado) y vamos a filmar algo que le pasó a Marta... que es más grave por lo que Marta resolvió que por lo que pasó... porqué Marta es una niña... Una niña muy reprimida... y la gente no sabe que cuanto más reprimes más curiosidad generas... y Marta tiene mucho miedo, pero también tiene mucha curiosidad, y después va a sentir muchísima culpa... quiero que tú filmes, no quiero que te metas dentro... quiero que me digas qué le sucede a Marta...

—Él está encima de ella y la está manoseando... la está obligando a que ella haga lo mismo... están en ese cuarto... ella lo hace, pero no lo disfruta...

—¡Por supuesto! ¡Está muerta de miedo!

—Él la amenaza...

—...Y la penetra, ¿verdad?

—¡Sí!... (llorando).

—Ahora cuento hasta tres, y pasó un rato y él ya no está... 1... 2... 3... Métete por un instante dentro de Marta... ¿Cómo te sientes?...

—¡Mucho miedo!

—Mucho miedo... Pero además, mucha culpa... ¿No es así? Tu mamá te dijo que ya no había marcha atrás... Que era como el agua que se derrama que no se puede volver a recoger... Es como que lo que perdiste, lo perdiste para siempre...

—¡Ya no soy la misma!... ¡Estoy sucia!... Es muy malo... Es como morirse por dentro... Y mi mamá dijo que prefería una hija muerta que deshonrada...

—¡Lindo amor de madre!... Entonces, esa niña no tiene a quién pedir auxilio... ¿Verdad? ¡Nunca, nadie, se tiene que enterar de lo que hizo!

—¡No!... ¡Eso no pasó! ¡Eso no pasó!, ¡NO PASÓ!...

—Y ahora es ella la que va a tomar distancia de los hombres, porque tiene miedo... Pero tiene miedo de sí misma... ¿No es cierto? Tiene miedo que si aparece un hombre cerca, ella va a perder los estribos... ¿No es así?...

—Me voy a convertir en una mala mujer...

—¿Y cuál es el sistema para no convertirte en una mala mujer? Mantenerte lejos de los hombres...

—¡Por eso me quiero ir a un convento!... Yo quería ser religiosa...

—Para no ser una mala mujer... Porque si no estabas en un convento y estabas donde los chicos tenías miedo que aflorara tu parte puta... ¿No es así?

—¡Sí!... Ahí iba a estar segura... iba a ser limpia otra vez...

El trabajo de investigación ha concluido. Ofelia también pertenecía al numeroso grupo del #YoNoSabia... Conscientemente ignoraba que había sido violada, pero estaba purgando la condena que se había autoimpuesto... Ella era una "autoimPUTAda" más. La única alternativa que imaginó a esos castigos, era la de recluirse en un convento.

La terapia, por lo tanto, una vez traídos estos recuerdos a la conciencia, consiste en lograr que cambie su punto de vista, y en conseguir que, en regresión, levante ese castigo...

—... Quiero hablar ahora con la mamá de Diana (su hija de 13 años)... Si tú descubrieras que Diana ha tenido una relación con un chico... ¿Preferirías verla muerta que deshonrada?

—¡No! ¡No!...

—Imagina que te encuentras a Diana, sentadita en un umbral, llorando en silencio, como lloran los niños y los adolescentes, cuando nadie los mira, con un llanto patético de pena... Tú te arrimas, y le preguntas qué le pasa... Y te das cuenta que esquiva tu mirada, que no se anima a mirarte a los ojos... "Déjame" te dice, "No me pasa nada... Déjame"... Pero tú conoces a tu hija, y reconoces en su llanto que ha sido lastimada... ¿No te dan ganas de abrazarla y colocarla contra tu pecho?

—¡Sí!

—(Le coloco contra su pecho una manta arrollada, porque me parece que completará mejor su fantasía de abrazar a su hija adolescente que una muñeca de 50 cms... Ofelia la abraza fuertemente... Y yo abrazo a Ofelia para que registre en su cuerpo el abrazo que está dando). Tu hija acaba de ser violada... Violada por un primo más grande... Lastimada... Y no se anima a mirarte a los ojos, porque se siente sucia... Sucia para siempre... Siente que su vida ha terminado... Que, haga lo que haga, jamás podrá ser feliz, porque no se lo merece... Ella se siente puta, sucia, miserable...

—¡No, mi amor, no! (Acaricia el bulto que tiene contra su pecho) ¡Ella es víctima, no culpable!

—Lo peor no es lo que le pasó... Lo peor es que ella, en este mismo instante, está tomando resoluciones, resoluciones que van a marcar toda su vida... Está resolviendo renunciar, en lo posible, a los placeres sexuales... Está decidiendo que cada cosa mala que le suceda, será una especie de "castigo de Dios", que —en verdad— ella no merece ser, nunca más, feliz del todo... ¿Crees que está bien eso que está determinando?

—¡¡¡No!!! Ya sufrió bastante, pobrecita... Merece ser feliz...

—¿Te animas a convencerla? ¿Te animas a hablarle, de tu corazón a su corazón, o de tu mente a su mente, y convencerla de que cambie su decisión?

—¡Sí!

—Ahora entonces, cámbiale la cara... Ponle su verdadera cara, la cara de Ofelia... Convéncela que cambie su resolución... ¿A ti te parece justo que Ofelia y Fernando no puedan ser felices todos los días? ¿Y hasta varias veces por día, si quisieran? A mí me alegra que hayas descubierto que papá no era tan santo... Porque si no era tan santo, es porque era un HOMBRE, y es mejor enamorarse de los hombres que de los santos... ¿Cuál es la gracia de ser Superman? Eres valiente porque las balas no te entran... Así, cualquiera... Papá ¿Era y es un buen papá?

—Sí...

—¡Qué suerte que no es Superman!... ¿no es cierto?

—Sí... Es un buen papá... El mejor...

—No hace falta que sea "El mejor": basta que sea bueno... Ellos estuvieron equivocados en muchas cosas: te pedían a ti que fueras perfecta... Pero la perfección no es un atributo humano... La perfección pertenece al mundo de los dioses... ¿Tú eres una mamá "perfecta", o tratas de ser una "buena mamá"?

—No soy perfecta...

—¡Qué suerte!... Detesto a la "gente perfecta"...

—Le pido perdón a mis hijos, cuando me equivoco...

—¡Que bien!... Les estás enseñando cosas muy buenas... Porque a ti, cuando eras chica te enseñaron que ellos no se equivocaban nunca... Y no era cierto... Yo necesito que esta niña cambie su resolución... Esta niña que tienes contra el pecho, es la que dio origen a la Ofelia que te echa un balde de agua fría cada vez que te calientas...

—Mi mamá nos decía, que cuando sintiera que me calentara, me sentara en un recipiente con hielo...

—¡Bien!... Y esta niña tomó a su cargo esa responsabilidad... ¿No quieres liberarla de ese trabajo?

—¡Sí!, ¡SÍ!...

—Por suerte, descubres esto a los 41 años... Mira si llegaras a descubrirlo a los 81, todo el tiempo que llevarías perdido...

—Porque esa resolución... ¡Estuvo a punto de acabar mi matrimonio, varias veces!

—Vamos entonces, a encargarle un trabajito a esta niña que tienes contra el pecho... Que cuando comience el juego sexual, comience a llenarte la mente de fantasías... De fantasías eróticas, por supuesto... Pregúntale si está dispuesta a aceptar el cambio de trabajo... Ella, hasta ahora, venía con el recipiente de hielo, ¿No?... Bueno... Ahora la quiero con un fuelle de aire caliente... Dirigido hacia allí, abajo...

—Sí...

—¿Te acuerdas cuando asustaste a Fernando

y le dijiste: "yo voy a ser la madre de tus hijos"? Bueno, ahora quiero que lo asustes igual, pero en la cama... Quiero que lo "violes"... ¿Es factible?

—Sí...

—Entonces, vas a proyectar aquí, en tu frente, una película, donde te imaginas que llegas, y que eres tú la que toma la iniciativa... y que eres tú la que manda... Y que, inclusive, le dices "Quédate quieto y déjame hacer"... hasta dejarlo exhausto y asombrado... Yo voy a contar desde 1 hasta 5 y va a comenzar la película y tú me avisas cuando ha concluido... 1... 2... 3... 4... 5...

—... ... ... Ya...

—¿Estuvo bueno?

—(Sonriendo), Sí...

—Entonces, voy a contar desde 1 hasta 5, y vas a volver a mirar la película... Pero esta vez va a ser Triple XXX... Va a tener muchos detalles que no nos vas a poder contar, porque te pondrías muy colorada... Y tú me avisas cuando concluye la película... 1... 2... 3... 4... 5...

—... ... ... *(Esta vez, el silencio es más prolongado),* Bien...

Epílogo

Quedé de acuerdo con Ofelia, para que cuando cambie su sintomatología, me mande un mail que dijera, simplemente: "¡Gol!", que yo iba a entender el resto, sin necesidad de detalles.

Una semana después de terminado el curso en Buenos Aires, y ya de regreso a su país, recibí este mail de Ofelia:

Asunto: Acerca del resultado de la hipnosis realizada a mi persona
Texto: GOL!!!

(Y, además, trajo esta imagen adjunta:)

Comentario final

Más allá de los detalles particulares de este caso, veamos qué experiencia nos deja.

Una paciente joven que carece de libido está a punto de hacer naufragar por esa causa a su matrimonio. Inclusive, antes de hacer el trabajo, y debido a que en el curso ya habíamos mencionado un caso de **#YoNoSabia** me adelantó: "Mira que ese no puede ser mi caso, porque yo vivía en un pueblito muy pequeño y mis padres no me permitían ir nunca a ningún sitio donde hubieran chicos".

De todas maneras, encaré el trabajo con una mirada ingenua y sin prejuicios, partiendo de una premisa: la paciente no sabe conscientemente por qué le sucede lo que le sucede, pero en su mente no consciente está toda la información.

EL CASO JACINTA

Una de las características típicas de las mujeres que pertenecen al enorme grupo del **#YoNoSabia** es que, generalmente, la aparición de una historia similar a la propia, les dispara un incendio interior instantáneo. Eso ocurre muchas veces viendo una película, o escuchando un relato en la peluquería o en la oficina, donde fuere, creándole una angustia insoportable, agravada por carecer conscientemente de la información necesaria para comprender qué es lo que le está sucediendo.

Esto sucedió en un curso en Buenos Aires, donde pasamos la filmación editada del caso BEATRIZ: Durante la proyección, una compañera se levantó y huyó al baño a llorar.

Luego, ya contenida y calmada, nos contó su historia, que resumida era ésta:

"Tengo 65 años. Estoy casada con el único hombre de mi vida: ANTONIO, con quien me puse de novia a los 18 y me casé a los 22. Y continúo enamorada de él. Tenemos un hijo y una hija, y dos nietas: Alejandra de 10 y Mercedes de 5. Nací en un pueblito pequeño de Galicia y vine a Argentina a los 8. Los primeros dos años me los pasé llorando. Los niños se burlaban —eso que ahora llaman bulling— por mi acento al hablar, y por mi nombre, ya que estaba de moda una canción infantil que contaba las andanzas de "La Mona Jacinta". Mi vida transcurrió con algunas características extrañas: tuve muchas veces sueños de violación y no podía ver ninguna película que rozara el tema. Cuando mis hijos fueron creciendo nunca pude dejarlos estar a solas con un varón. ¡Ni siquiera con su padre!

A los 51 años volví por primera vez a mi pueblito natal en Galicia. Estábamos en una comida familiar y un primo 10 años mayor que

*yo, PACO, me hizo un gesto cómplice y diver-
tido, chocando sus índices y diciéndome: "¿Recuerdas que nosotros...?", como insinuando
que fuimos noviecitos, o algo así... Y en ese
momento me apareció frente a mis ojos, toda
la película de haber sido violada, y huí sin más
de la reunión...".*

Hipnosis

Le pido inicialmente tres recuerdos felices, de
cosas agradables, en esa época de su vida en Galicia. Es una manera de irnos aproximando de
manera circular al centro de la cuestión.

Luego de que los revive, le pedimos.

**"—Le voy a pedir a tu mente no consciente
que nos acerquemos a esos otros recuerdos que
estaban borrados y escondidos, porque no eran
buenos... Cuento desde 1 hasta 5 y aparece el
primero de esos tres recuerdos: 1... 2... 3... 4...
5... Cuántos años tienes y dónde estás?**

—Tengo 51 años y volví a Galicia. Estoy en
casa de PACO, hijo de FRANCISCO, hermano

de mamá y de Tía MERCEDES. Está haciendo carne a la parrilla...

—*(Como la percibo muy molesta, con resistencia, trato de meterla en el recuerdo)*. A ver: métete en el recuerdo... Tú estás sentada aquí... ¿Dónde está sentado Paco?

—*(Señala con la mano)*.

—¿Y la señora?

—*(Señala y llora)*. Y él me dice que cuando fuimos chicos... Y me hace gesto chocando los índices, indicando que estuvimos juntos... Me escapo... Dejo la comida y me voy...

—Ese gesto te hace mal, porque destapó una olla que estaba cerrada ¿Verdad?... Voy a contar desde 1 hasta 10 y nos vamos a meter dentro de esa olla, pero dentro de esa olla tú eres mucho más chica...

1... 2... 3... 4... 5... 6... 7... 8... 9... 10...

—¿Cuántos años tienes y dónde estás?...

—Tengo cuatro... Estoy al pie de la escalera, con mi primo de 14... Me empieza a tocar, como jugando... me arrincona y por más que me lo quiero sacar de encima no puedo. Me saca la bombacha[7] y se pone arriba mío... Saca el pene... y yo digo *"¡Mamá, Mamá!"* pero no me escucha....".

Para que no siga sufriendo, la disocio como cámara y le pido que filme la secuencia. Es esta:

Le saca la bombacha.

La mueve, la acerca, consigue penetrarla. Grita. Es doloroso.

La mamá no está, no la escucha, no responde. No se lo puede sacar a Paco de encima.

Aparece la mamá.

En vez de reaccionar contra quien está lastimando a su hija, la agarra de los pelos a la niña y se la lleva con la bombacha en la mano.

La lleva a la rastra del brazo por la calle principal del pueblo, gritándole: *"¡Puta, hija de puta, la puta que te parió!"*.

Los vecinos salen a mirar. La nena llora mucho. La arrastra del brazo y del pelo.

Cuando viene papá le cuenta pero él no le dice nada. Y del tema no se vuelve a hablar nunca más.

---

7. "Bombacha": trusa, braga.

Nunca se enteró de que le hayan hecho un escándalo al primo.

Mucha vergüenza. Le pegó mucho.

—Quiero que imagines que vas a visitar nuevamente ese pueblo, pero está como era cuando tú eras pequeña. Escuchas gritos y están trayendo a la rastra a Mercedes, a tu nieta. Un adolescente acaba de meterle el pene... La madre le está pegando, los vecinos murmuran. ¿Te la traes con vos?

J: *(Le he colocado a la muñeca contra el pecho y la abraza fuertemente. Llora mucho. Es una escena muy conmovedora para todos los que la compartimos).*

—¿Tú crees que Mercedes tiene la culpa? ¿Tú crees que esa niña puede tener la culpa de algo? Entonces preciso que la convenzas para que levante todos sus castigos... TODOS... Ella fue víctima y encima se impuso castigos... De tu corazón a su corazón o de tu mente a su mente, preciso que la convenzas, y que me avises cuando lo hayas logrado... ¿Ya?... Bien... Ahora cámbiale la cara y ponle la verdadera, la cara de

Jacintita... ¿Qué castigos se impuso?... ¿Cómo fue tu vida sexual? ¿Cómo es?

—Pobre... Sin placer...

—Ahora sabes por qué... Pero ahora esa niña levantó la condena... Esa niña había resuelto que no merecías gozar, pero esa decisión quedó anulada... Ahora entonces la vida vuelve a empezar, pero de manera distinta... Voy a contar desde 1 hasta 5, y tu mente no consciente va a proyectar acá *(tocándole la frente)* una película. Una película que tiene solo dos intérpretes: tú y Antonio. Una película triple XXX, donde todo es distinto. Tú me avisas cuando la película ha concluido...

COMENTARIO TÉCNICO:

Muchas veces, cuando queremos habilitar cambios de conducta, hacemos proyecciones al futuro de esta manera, creando lo que nosotros llamamos "Falsos recuerdos".

En este caso, resulta gracioso ver las caras de las compañeras del curso tratando de imaginar lo que sucede en los dos o tres minutos de silencio que siguen a nuestra solicitud. También lo usamos en el Caso OFELIA según vimos.

Comentario Final

Esta explicación la di en el curso, luego de terminada la terapia:

"Una niña de 4 años, en un pueblo de Galicia, es VIOLADA, porque la palabra no es "abusada", es violada por un adolescente de 14 que, por la fuerza, le abre las piernas y la penetra con su pene... Indudablemente, la criatura ha quedado dolida y sangrada... Entra la madre de la criatura y, en lugar de atacar al violador, toma a su hija por el brazo y la arrastra por el pueblo... (No sé si ustedes tienen idea de lo que es... La humillación que es... Lo que a uno le sucede en la calle, en un pueblito... ¡Lo marca para siempre!) y la lleva a los golpes, insultándola y tratándola de "PUTA" y de "HIJA DE PUTA"...

Es casi grotesco... Por supuesto que yo no la

estoy juzgando a la madre porque tiene que ver con su cultura... Es un subproducto de su cultura, donde, para ella, esa niña deshonró a la familia... Pero... Pensémoslo desde el lugar de la criatura:

No solamente acaban de violarla, sino que la madre, al aparecer, en lugar de protegerla, la revienta a golpes, a insultos y a humillaciones...

Cuando tienes 4 años y tu mamá te dice que eres una "puta" y una "hija de puta", aunque tú no entiendas porqué te lo dice, indudablemente lo aceptas, porque a los 4 años, mamá es DIOS... No existe, fuera de mamá y papá... ¡Nada!... ¡NADA!...

Después uno puede llegar a independizarse, pero a los 4 años, mamá es Dios. Y Dios te ha dicho que eres una mierda... Y entonces... Te inventas castigos... Pero MUCHOS castigos...

Fundamentalmente, son todas variantes del: "Soy mala", "No merezco"... ¿No merezco qué? ¡No merezco nada!: No merezco ser feliz... No merezco ser respetada... No merezco tener fortuna... No merezco... ¡NO MEREZCO!

Y así después se arma la vida...

Entonces... ¿Qué es lo que yo tengo que conseguir terapéuticamente?

Lo que tengo que conseguir no es algo intelectual... Porque ella se enteró de lo que le pasó hace ya 15 años cuando viajó a su pueblo... Intelectualmente hablando, hace 15 años se enteró de lo que le pasó, y por supuesto que cualquier persona de 51 años sabe que una niña de 4 años no puede ser culpable de haber sido violada...

Lo cual significa que hace 15 años que tiene la información intelectual... ¡No sirvió para nada! Porque... el problema está en otro lugar... Porque lo que debemos conseguir es que levante la decisión... O sea: que anule el programa de castigo.

Y esta magia, la podemos obtener SOLO con la herramienta de la regresión...

Nosotros escuchamos recién llorar a la criatura de 4 años ¿Verdad? Porque la escuchamos llorando, y yo estuve dialogando con esa criatura de 4 años... Ustedes debieron darse cuenta, que esto no es una "construcción intelectual", vuelvo a decirlo... El "Padre, el Adulto y el Niño" en el Análisis Transaccional son construcciones filosóficas, Son "categorías del conocimiento", el "Yo, Superyo y el Ello" del Psicoanálisis, son categorías del conocimiento; el "Niño Interno" como se habla en montones de terapias, son abstracciones... Yo estoy hablando de personas concretas, personas a las que les puedo dar la mano y a las que puedo abrazar... Y eso es lo que nosotros logramos cuando hacemos una regresión...

Ustedes me escucharon hablar con esa nena...

Lo que yo tengo que conseguir es que sea ESA NENA la que cambie su resolución. Y esto es una cuestión emocional. Cuando yo les dije a ustedes "La memoria subjetiva es falsa" me estaba refiriendo a eso... En la memoria subjetiva de Jacinta, hay una madre pegándole e inculpándola... "Algo debo haber hecho para que mi mamá me pegue, me putee y me arrastre por el pueblo... Algo debo haber hecho... Aún si no sé qué hice, no importa: algo debo haber hecho"... ¡Castigo de Dios!

Lo que les estoy diciendo es que nosotros no trabajamos con categorías filosóficas, sino con gente de carne y hueso... Necesito conmover a esta niña para poderla mover... Debo hacerla salir del lugar donde se quedó clavada en su memoria subjetiva...

Para eso voy a necesitar "tercerizar", voy a precisar filmar las escenas nuevamente, para conseguir un registro externo que reemplace este registro interno... Porque es la única forma en la cual se le va a caer la venda de los ojos...

Ya les dije a ustedes que cuando la tercerización se puede hacer con hijos o nietos, es muy fuerte... Elegí a su nieta Mercedes por su edad, porque si a ella la violaron a los 4 años, y tiene una nieta que hoy tiene 5 es la que puede aportar la imagen mejor... Entonces, todos los recursos que ella no tenía para entender y para proteger a Jacintita, los va a tener para proteger a su nieta...

Algunos se habrán dado cuenta de que, antes de la muñeca, yo pedí que me alcancen un almohadón. Porque quizás lo que aparecía era la rabia contra el agresor... Y en ese caso le hubiera dado una lapicera, le hubiera puesto al almohadón y le hubiera sugerido que lo mate[8]... E inclusive más... En la primera puñalada le hubiera guiado yo su mano, y después mi experiencia es que le iba a dar 20 o más puñaladas... ¡así! Tengo un montón de esos almohadones llenos de agujeros...

Pero, en este caso, el agresor dejó de tener importancia, porque tuvo más importancia la aparición de la madre castigándola frente a todo el mundo...

O sea... De alguna manera, la violó más la mamá que el que le introdujo el pene...

Lo más importante es también lo único que yo puedo hacer: que deje de agredirse...

Por eso, cuando a alguien le ha pasado algo similar, lo que debemos tratar es de descubrir de qué manera resolvió, encima, castigarse, y conseguir que cambie esa resolución...

Detrás de la fibromialgia generalmente hay

---

8. Tal como se vio en el "Caso ESTELA".

un autocastigo, detrás de... miopía, jaquecas, pánico, fobias, soriasis y otro sinfín de dolencias, hay... ¡Culpa! Culpa juzgada y castigada por un niño, por una niña...".

Epílogo

Al terminar la regresión y antes del comentario recién trascripto, le contamos a Jacinta la experiencia que tuvimos con OFELIA, con quien también habíamos trabajado su libido y a quien le pedimos que una vez vuelta a su casa, cuando verificara los cambios nos remitiera simplemente un mail con la palabra "¡Gol!", que nosotros entenderíamos.

A la semana, cuando Jacinta regresó a su casa en el interior, recibimos un mail suyo que decía:

Hola querido Armando:

Después de la Hipnosis estuve todo ese día como en una nube, sentía mucha liviandad, pero al otro día al levantarme me di cuenta de varias cosas: que siempre uso ropa más grande, que la parte que engordo es de la cintura hasta las caderas, que no puedo abrirme mucho de piernas,

Me vi por primera vez como Mujer y no como el varón que no fui para mis padres... Y al bajar del avión de regreso del curso, estaba mi esposo. Lo vi como hombre, emocionándome hasta las lágrimas, dentro mío sentí como un gran rompecabezas que por primera vez encajaban sus partes devolviéndome la calma. No me escapo más de las caricias de mi esposo. Ni me reí ni me escapé... claro mi querido Armando:

¡¡¡GOLLLLLLLLLL DE MEDIA CAN-CHA!!!

BENDICIONES LLENAS DE LUZ PARA VOS Y TODA TU LUMINOSA FAMILIA.

Comentario final

Nos sentimos francamente orgullosos, de que una mujer de 65 años haya conseguido modificar su sexualidad y su capacidad de goce, luego de una sola sesión...

Eso excede las más optimistas expectativas que se puedan depositar en cualquier enfoque terapéutico.

EL CASO BLANCA

Una de las cosas que explicamos, en el primer día de nuestros cursos, es que creemos que el niño interior que fuimos, no ha muerto, que ha sobrevivido, pero no de una manera abstracta, sino como una persona íntegra, con pensamientos y emociones **junto** al adulto que somos, y compartiendo nuestro mismo cuerpo.

Y que por eso, sabemos que, cuando en la niñez se han sufrido episodios que no se pudieron elaborar, el niño interior está ahí, esperando en silencio que vengan por él, en su auxilio, como un náufrago en una isla desierta, que no ha dejado nunca de buscar en el horizonte alguna nave que pudiera venir en su rescate.

Y más de una vez ha sucedido que alguna

asistente al curso comience a llorar espontáneamente, sin saber porqué, ni tener ninguna idea consciente sobre qué ha desatado su angustia...

Eso es lo que pasó en el curso dictado en Madrid, España, en marzo de 2015: dos de las alumnas estallaron, el primer día, en un llanto desconsolado. A ambas me acerqué y les prometí dar ayuda durante los cinco días de la cursada. BLANCA era una de ellas. Y esta es su historia resumida:

—Tengo 44 años y soy la tercera de cuatro hermanos: CORINA de 48, MARTA de 45, luego YO con 44 y finalmente JULIO de 39. A lo largo de nuestra crianza MARTA y YO fuimos muy "hijas del medio", y sentimos mucho la diferencia con nuestra hermana mayor y nuestro hermano menor... Siempre hemos sido muy "invisibles"...

Mis padres son JULIO de 73 y MARCELA de 71, y continúan casados entre sí.

Estoy casada con PACO de 43, desde hace 18 años, desde mis 26. Y tenemos tres hermosos hijos: MERCEDES de 14, ANÍBAL de 12 y TITO de 8.

Tuve mi primera relación sexual a los 18 con VALENTÍN, un novio de juventud. No sangré, y no la pasé ni bien ni mal: creo que "no me enteré de nada". Ahora mi vida sexual es buena, tengo orgasmos, y también me los sé provocar.

—Tienes **FIBROMIALGIA... ¿Desde cuándo tienes fibromialgia?**

—Pues diagnosticada desde hace... 6 años, creo. Pero síntomas, desde que tenía 28, o algo así... Pero fue todo muy progresivo.

—Y ¿Qué pasó a los 28?

—Ni idea... Estaba bien con la vida...

—**Seguramente algo te pasó... Esas cosas no se disparan solas... Algún episodio de cuernos... O alguna gran gresca en tu casa...**

—No. Bueno, quizás arrancó antes, a los 22, 23, 24. Porque yo tengo también FATIGA MUSCULAR CRÓNICA y SENSACIÓN DE ABANDONO.

La fatiga muscular crónica es algo diferente al cansancio... Cuando la gente me dice: *"Estoy cansada"*, yo pienso: *"¡Si supierais lo que es ESTAR CANSADO!"*... Yo lo comparo con esas escenas de película donde hay esclavos en una fila, todos agotados... Y hay uno que se desmaya, que ya no puede más... Y los otros le dicen: *"Levántate, que te van a matar"* y contesta *"¡¡¡ES QUE NO PUEDO!!!"*... Pues eso es lo que siento... ¡No puedes!... ¡No puedes con tu cuerpo...! ¡No puedes caminar!

—Y lo peor es que los demás te tratan como "floja"...

—En eso he tenido bastante suerte, porque mi marido lo entendió muy bien... Desde el principio... Me ha apoyado siempre... En el trabajo también... Porque se me desencaja la cara cuando estoy mal y se dan cuenta que no lo estoy fingiendo...

La terapia

La rutina es similar a la de las otras terapias:

- Hipnosis
- Templo del tiempo
- Puertas que conducen al pasado

Consigna terapéutica para que todo lo que aparezca sirva: sirva para entender y sirva para curar o aliviar sus dolencias.

Y para colocar a la paciente en regresión, lo que llamamos "Recuerdo Cero", volver a un día de la infancia, donde no está ocurriendo nada especial, ni bueno ni malo...

Recuerdo Cero

—Tengo 9 o 10 años. Estoy jugando con mi amiga Lucía...

Pido entonces cinco recuerdos, cinco situaciones que están íntimamente vinculadas con el origen de "esto que te pasa".

Primer recuerdo

—Tengo 6 o 7 años... Estamos en Antequera... Están haciendo una matanza de cerdos... Allí vivimos, voy los fines de semana... Mi madre se dedica y también mi abuelo... No nos dejan ver... Pero yo oigo los gritos desde la cama...

Nos despiertan a las 6 de la mañana o todavía antes... Hay mucha gente y me lo paso bien...

Segundo recuerdo

—Estoy dentro de la casa... Tengo 5 años... Camino por la casa... No hay nadie... *(Se angustia... Comienza a gemir)* ¡No hay nadie! Todos se fueron y me quedé con NANCY, la niñera... *(Como tiene 5 años, quizás corresponda al nacimiento de JULIO, su hermanito).*

Tercer recuerdo

—Estoy en casa de NANCY. Creo que tengo 5 años. Fui a comer a casa de NANCY. Lo hago solo a veces y me siento muy bien allí... Está también mi hermana MARTA *(se ríe recordando diálogos cómplices con su hermana)...*

Cuarto Recuerdo

—*(Le cambia el rostro. Comienza a angustiarse).*

Estoy en mi casa de Málaga. Tengo 7 años... Estoy en el pasillo... Es muy largo... *(Llora angustiada),* ¡No sé qué pasa! ¡No quiero caminar!

—¿Por qué no quieres caminar?...

—*(Llorando),* ¡No sé!...

—¡Sí, sabes! ¿Qué pasa al final del pasillo?

—¡No sé! *(Llora desconsoladamente)...*

—¿Quieres filmarlo? Vamos a filmarlo: Voy a contar hasta 3 y te vas a convertir en una filmadora, en una cámara que va a flotar cerca del techo... ¡1... 2... 3...! Ahora estás filmando... Allí abajo hay una niña, ¿Verdad? ¿Qué edad tiene?... ¿Cómo está vestida?... ¡Mira abajo! Allí abajo hay una niña de 7 años... Tú no eres... Tú estás flotando, eres una cámara... ¡Ponte dentro de la cámara!... ¿Ves abajo?

—Sí...

—¿Ves a la niña? ¡Cómo está vestida?

—Con un camisolín...

—Y está muerta de miedo, ¿Verdad?

—Sí...

—¿Está en su casa, verdad? Ese pasillo, ¿Lleva de dónde a dónde?

—De su cuarto... al salón, el cuarto, comedor, todo...

—¿Y ella está yendo del salón a su cuarto o de su cuarto al salón?...

—Del cuarto al salón...

—Y ¿Es de noche? ¿De mañana? ¿Qué hora es?

—Es de noche...

—¿Y está caminando en la oscuridad?

—Veo la ventana de la calle... Y está oscuro afuera...

—Y la niña está yendo... —Tú no te metas dentro de la niña, tú solamente filma— Y la niña avanza... Le cuesta mucho avanzar ¿No es cierto?

—No quiere caminar...

—¿Porque sabe lo que le espera?

—No sé...

—Veamos entonces... La niña está muerta de miedo porque sabe lo que le espera... Enterémonos nosotros de lo que le espera... Cuento hasta 3 y llegó a la sala: 1... 2... 3... ¿Quién está allí?

—El sillón azul...

—¿Y quién está en el sillón azul?

—*(Llora, gesticula y se revuelve)*, ¡No sé!

—No le pongas cara... ¿Está bien?... No le pongas cara... ¿Es un hombre?...

—Sí...

—La niña está en camisolín... Es de noche... El hombre ¿Cómo está vestido? ¿Con un pijama?

—*(No puede contestar... Estalla en llanto)*

—Tú fílmalo... ¿Está en pijama o desnudo?

—En pijama...

—Y el hombre la ha llamado... ¿Verdad?... Y la niña va... Tú estás filmándolo... ¿De acuerdo?... ¿Qué pasa cuando la niña llega al lado del hombre?

—Se sienta en sus rodillas...

—¿Y qué hace el hombre? ¿La toca o hace que ella lo toque a él?

—Me toca en las piernas...

—¿Lo hace suave?

—Sí...

—Y la niña queda paralizada, pero... la sensación no es desagradable...

—Es de cariño...

—Pero la situación continúa... Por eso la niña

tenía miedo... Porque no es la primera vez que pasa... ¿Cómo continúa?

—No lo sé...

—Aunque no lo sepas... Fílmalo... Tú no eres esa niña... ¿De acuerdo?... Acabas de ver a una niña en camisolín, que entra en una habitación, donde hay un señor sentado en un sillón azul... Ese hombre está en pijama... Ese hombre sienta a la niña sobre sus rodillas y comienza a acariciarle la entrepierna... ¿No es cierto? Esa es una zona muy erógena... Es una zona que causa placer... Es como darle alcohol a un niño... Él, lo que está intentando, es calentar a la niña ¿Verdad?... Excitarla... ¿Y qué pasa cuando lo logra? Él, a su vez, ya tiene una erección...

—No veo...

—Mira la mano de él... La mano de él estaba entre las piernas de la niña... Y la niña se ha quedado quieta... Pero allí no termina el juego... Los hombres que hacen esas cosas quieren continuar el juego... ¿Qué hace? ¿Toma la mano de la niña y la guía hacia un lugar?

—No...

—¿Qué hace? ¿Mete la punta de su dedo, adentro de la niña?

—*(Dice que sí con la cabeza, llorando y con gesto de resignación)...*

—O sea: primero acaricia el clítoris y luego ¿Pone la punta de su dedo?

—Creo que sí...

—Y eso excita mucho a la niña... ¿Y cómo sigue el juego?

—Él se frota...

—¿Con el pene adentro o con el pene afuera?

—Por encima del pantalón, con su mano... Con la mano de él...

—¿Y luego?... Estás temblando... ¿Y luego? La niña está temblando... ¿Por qué está temblando? ¿Qué viene después?

—Me pone en el suelo y me deja ir...

—Pero esto sucede todas las noches... O casi todas las noches... ¿Te animas a ponerle cara?...

—¡Ya sé quién es!... *(Llora desconsoladamente).*

—¿Quién es!... ¿Es tu papá?

—No... Es mi abuelo...

—¿El papá de papá?

—No... El papá de mamá... ¡Pero es MUY BUENO!...

—¿Y él te dice que tú eres "su nieta más querida", o algo así... Y te dice que te hace eso, porque te quiere mucho ¿Verdad?...

—Creo que sí...

—Y tú te sientes muy confundida... Porque en eso, la intuición de los niños les dice que hay algo que está muy mal... Muy mal... Pero, a su vez, también sientes que te quiere... Y él te dice que te quiere...

—... Me quiero ir del cuarto...

—... ¿Qué pasa?...

—Estoy quieta de pie en la puerta...

—Porque sientes que los músculos no te responden... ¿No es cierto? ¿Eso vas a sentir después, cuando sientas fatiga?... ¿Esa es la parálisis que vas a sentir cuando sientas fatiga?

—Sí...

—Voy a contar desde 1 hasta 5 y vamos a ir a un episodio posterior, similar... pero mucho peor... 1... 2... 3... 4... 5... ¿Dónde estás?

—En el pasillo...

—Hay una parte tuya que no quiere ir... Y hay otra parte tuya que quiere ir... Y hay otra parte tuya que no sabe qué hacer... ¿Verdad?... ¿Qué vas a hacer?... ¿Qué puedes hacer?...

—¡Lo que me digan!...

—No se lo contaste a nadie... ¿Verdad?

—No...

—¿Él te dijo que no se lo cuentes a nadie? ¿Él te dijo que ese era el "secreto de ustedes dos"?

—Sí... ¡Yo no le dije a nadie!...

—Pero él te llama y, finalmente tú entras...

—Sí...

—Pero hoy va a ser un poco distinto todo... ¿Qué sucede hoy?

—Me siento en sus piernas... Pero soy más mayor...

—¿Cuánto tienes?

—Diez...

—Diez... Y todos estos años has estado jugando este juego ¿Verdad?... Sin saber cómo interrumpirlo... ¿no es cierto?

¿Y qué pasa hoy?... Tienes diez... Ya el juego

es muy conocido... Tú ya sabes cuales son las reglas: él te acaricia... Tu vagina se humedece... ¿Y qué hace él? ¿Coloca su índice adentro?...

—Sí...

—**Pero ya entra bastante... Ya no es solo la puntita... ¿No? ¿Verdad?...**

—Sí...

—**¿Ha logrado provocarte un orgasmo?**

—No lo sé... ¡No me gusta el dedo! *(Llora, gesticula y se revuelve en el sillón).*

—**Pero él te está por pedir algo más, hoy... ¿Verdad?... ¿Qué te está por pedir?**

—¡Ahhh! *(Llora y se agita).*

—**¡Qué te está por pedir? ¿Quieres filmarlo?**

—¡Sí!

—**Cuento hasta 3... Y sales de ahí... ¿Hoy va a tratar de meter otra cosa?**

—*(Dice que NO con gestos. Llora con desesperación)*

—**¿Trata de meter la punta de su pene en tu boca?...**

—*(Asiente, con gestos).*

—**¿Y te coloca la mano en la nuca?** *(Coloco*

*un instante mi mamo en su nuca para que en-
tienda la pregunta).*

—No...

—¿Y qué hace?

—Yo me inclino...

—¿Y cuando acaba, que hace? ¿Te inunda la
boca?

—No... Me toca...

—¿Qué hace? ¿Se aparta?

—No sé... Me voy...

—Pero hay algo aún peor... Y es que cuando
tú estás a solas, tu entrepierna te pide que la
toquen... Cuando tú estás sola... Tú te tocas...
¿Verdad?

—No...

<u>COMENTARIO TÉCNICO:</u>

Cabe aquí hacer algunas aclaraciones.

Este es quizás el único caso de los muchos

similares que he tratado, donde la paciente

*en regresión **niega haber sentido sensaciones***

***placenteras**. Ella lo ha vivido, aparentemen-*

te, como una víctima propiciatoria, como

una experiencia desagradable que debía atravesar. Quizás ese sea el significado del primero de los recuerdos que trajo, el de los quejidos de los cerdos llevados al matadero. Mi forma de investigar las reacciones, es afirmar —como si me constara— lo que sucede y lo que siente mi paciente, y terminar la frase preguntando: "¿Verdad?". Mi experiencia dice que, cuando no se ajusta a su registro, la paciente simplemente lo niega.

Pero debo entonces, cuidarme de no insistir en mis suposiciones cuando son negadas, para no correr el riesgo de sugestionar a la paciente y hacer que cambie su historia.

—Siempre que estás en el pasillo, sientes esa parálisis, ¿Verdad?...

—Sí...

—Voy a contar desde 1 hasta 5, y vamos a ir a un recuerdo de esta índole, pero aún peor... 1... 2... 3... 4... 5... ¿Cuántos años tienes ahora?

—Diez...

—Y ¿Qué sucede hoy?... ¿Qué sucede, mi

amor?... ¿Estás de nuevo en el pasillo?...

—¡Es que yo le quiero!...

—Claro que le quieres... ¿Y qué sucede?

—Tengo que caminar por el pasillo...

—Y eso pasa cada noche... Y caminar por el pasillo, para ti, es como subir una montaña... ¿Verdad?

—*(Llorando)*, ¡No quiero! Pero sé que tengo que ir...

—¿Y qué pasa con tus piernas? ¿Tienes que arrastrarlas?...

—¡No quieren caminar!

—¡Tus piernas no quieren caminar!... Y ahora entonces... has llegado a la sala... ¿Y qué pasa hoy?...

—Cierra la puerta... nunca la cierra...

—Nunca la cierra y hoy la cierra... ¿Y eso te da miedo?

—¡Sí!

—¿Tiene una mirada especial hoy?... ¿O no te animas a mirarlo?

—No le veo la cara...

—¿Y qué sucede hoy?

—Estoy de pie... No me siento...

—¿Y entonces?...

—Me tumbo en su cama...

—**¿Y él, que hace?**

—Está de pie...

—**Entonces... ¿Qué hace? ¿te abre las piernas?**

—No... No se acerca... Está de pie... Y se toca... Pero...

—¿Y tú te tocas?

—No... Tengo la espalda pegada a la pared...

—**¿Y cómo sigue todo eso?... Cerró la puerta... Para algo cerró la puerta...**

—Se toca... y luego me dice que me vaya... Y esa vez, me voy rápido...

—**¿Y esa vez no te toca?**

—No... Es un alivio...

—**Entonces, cuento desde 1 hasta 5, y vamos a la vez siguiente: 1... 2... 3... 4... 5... ¿Y hoy?... Nuevamente es el pasillo... Pero hoy parece más largo el pasillo... ¿Verdad?... Y tus piernas no quieren llevarte, pero te llevan... ¿Y qué pasa hoy?**

—Voy a cerrar la puerta...

—¿Vas a cerrar tú la puerta?

—La cierra él...

—¿Y tú que haces? ¿Vas y te tumbas en la cama?

—Me dice que me tumbe...

—¿Boca arriba o boca abajo?

—Boca arriba...

—¿Y él?

—Se sienta en el borde...

—¿Quieres filmarlo? Cuento hasta 3 y te sales de adentro: ¡1... 2... 3!... Estás flotando... Mira abajo... Tú no eres esa niña... Abajo hay una niña y un adulto... La niña está acostada... El camisolín está levantado... ¿Verdad?...

—Sí...

—¿No tiene bragas?

—No...

—¿La niña se toca o el hombre la toca?

—El hombre se pone encima... Y la penetra...

—¿Con el pene?

—Sí...

—¿Y duele? ¿La niña se queja?

—No...

—¿Porqué? ¿Es la primera vez que la penetra con el pene?

—No sé... La niña está mirando fijamente para arriba...

—.... Ahora el tipo terminó... ¿Qué hace?

—Se levanta y se sienta en el sillón... Y le dice que se vaya...

—**Mírale la entrepierna a la niña, para ver si hay sangre...**

—Sí... Hay como sangre diluida en algo... La niña se levanta y se va... No se va a su cuarto: se va al baño a limpiar...

—**¿Está muy dolorida la niña? ¿O está más confundida que dolorida?**

—Confundida...

—Ahora entonces, cuento desde 1 hasta 5 y nos salteamos varios episodios y vamos a un episodio posterior, que tú elegirías por importante... 1... 2... 3... 4... 5... ¿Cuánto tiempo ha pasado?

—Dos años...

—Quiere decir que ya tiene doce... Y en estos dos años, cada noche, la niña ha ido al cuarto del abuelo... ¿Verdad?

—Todas no...

—**¿Muchas?**

—Sí... En la casa de Málaga, si... En Antequera, no...

—**Entonces, en la casa de Málaga, casi todas las noches...**

—¡Yo quiero estar siempre en Antequera! Allí estoy siempre contenta, corriendo de un lado a otro...

—**Bien... Han pasado dos años... ¿Y qué sucede hoy?**

—Que me dicen que mi abuelo se ha muerto...

—Y tú... ¿Qué sientes?

—Mucha pena...

—¿Solamente mucha pena?

—Sí...

—Y entonces... ¿Qué va a pasar cuando llegue la noche, la hora de ir por el pasillo?...

—Nada...

—**Pero hace cinco años que viene pasando...**

—Pero hace tiempo que ya no me lo hace...

Porque se fue a vivir al piso de arriba...

—**¿Y tú no lo extrañas?**...

—Extraño su cariño... Pero tampoco lo extraño, porque ahora el cariño me lo da por el día cuando están todos... Ya no tengo que ir por la noche...

—**Pero, a partir de ese momento, cada vez que tengas que enfrentar una situación que te genere miedo, tus piernas se van a negar a llevarte... ¿Verdad?**

Lo más relevante de la historia ha quedado a la vista. Pero lo importante es la reparación, que aún falta. En este caso, no es tan sencillo porque la paciente aún "defiende" la imagen de su abuelo, quien sigue siendo el patriarca querido. Tal como dijimos antes, en las relaciones con los adultos, con los "dioses", los niños quedan ubicados del lado de la culpa. Para poder sanar, precisamos sacarlos de allí. Por eso hago que encuentre a Mercedes, su hija, pero de 7 años, llorando desolada porque ha "consentido" contactos sexuales con un adulto. Aún "viendo" a su hija sufriendo, no aparece la ira.

Entonces le proyecto una película donde su hija Mercedes tiene diez años y quien se le echa encima y la penetra es Mariano, el abuelo de Blanca. Abraza a su hija pero aún no la protege. Para conseguir una reacción debo todavía aumentar la presión psicológica y con detalles groseros, dirijo su atención al pene de un adulto penetrando en la vagina virginal de Merceditas y, recién entonces se rompe el embrujo.

Y Blanca estalla en un quejido, en un grito lastimero sin palabras, compuesto de puro dolor, que tiene retenido hace 30 años y que dura algunos minutos. Por fin sale del trance muy confundida:

—Me cuesta aceptar lo que pasó...

—Pero pasó... ¿Vas a paralizarte nuevamente? ¿Vas a inventarte una nueva manera de castigarte como la fibromialgia?

—¡NO!... ¡Nunca más!...

Blanca sale del curso rodeada del afecto de todos sus compañeros. Afuera la espera su hermana. Y para sorpresa de todos, a modo de chequeo, da algunos pasos de flamenco, danza que baila cuando no sufre su enfermedad.

Al día siguiente, en el curso da testimonio de que pasó —por supuesto— una mala noche. Pero, frente a la pregunta por sus dolores musculares, contesta:

—*"No me duele nada... Los síntomas desaparecieron instantáneamente... Antes, me dolía si me abrazaban. Al terminar la regresión de ayer, me abrazaron uno por uno mis compañeros y fue hermoso... Y cuando salí afuera, parecía que no tenía cuerpo... ¡Parece que no tuviera cuerpo ahora!"*...

Y agregó a continuación, este hermoso comentario:

"Cuando me preguntaste qué pasó a los 28 años, cuando tuve mis primeros síntomas, no supe qué responderte... Pero anoche lo vi claro... ¿Qué pasó?... ¿Qué pasó? Que empecé a gozar del sexo... Y por lo visto ese fue mi castigo"...

En ese momento terminaron —para siempre— la fatiga y la fibromialgia de Blanca. Pero hubo luego un largo camino en su vida para "aprender a ser feliz", que nosotros pudimos acompañar usando todos los recursos que nos brinda la tecnología: mails, Skype, Teléfono, Whats App, además de los encuentros en persona en los distintos viajes a España.

Lo más importante del período inmediato posterior a una terapia tan fuerte como ésta, es que la parte niña, Blanquita, no vuelva a cargar culpas... Que acepte la protección afectiva. Y que la parte adulta, Blanca, acepte la responsabilidad de cuidar a esa niña lastimada...

Comentario final

Blanca resume, de alguna manera, el mensaje que quisimos transmitir con este libro.

Una persona joven sufría de fibromialgia y de fatiga muscular crónica. Fue vista y tratada por excelentes profesionales en sus especialidades que pusieron a su servicio los mejores recursos, sus conocimientos, los remedios...

Todo infructuosamente...

Detrás, escondida, existía una historia secreta:

Durante cinco largos años, desde los 7 hasta los 12, Blanca fue manoseada, abusada y violada casi a diario... ¡Y en su registro consciente no existía la menor información! (Aunque muchos duden de que eso sea posible). Era su cuerpo el que intentaba contar con síntomas, esa historia que nadie adivinó...

Precisamente, pensamos en todas las "Blancas" que están caminando por el mundo cuando decidimos escribir este libro.

Y también, porqué no, en los innumerables profesionales que hicieron honestamente lo mejor que pudieron para ayudarla, sin tener el éxito esperado. Para que conozcan sobre esta alternativa y sobre estos recursos...

CASOS, CASOS Y MÁS CASOS...

No pensamos seguir desarrollando detalladamente caso tras caso, porque no esa la intención de este libro. Vamos a mencionar sucintamente algunos más para ilustrar mejor nuestro planteo.

Casi todos comparten una característica: pocos o ningún recuerdo de la niñez sumados a algún síntoma extraño, a alguna enfermedad autoinmune, a algún síndrome...

Y en todos hay, de base, una profunda desvalorización de la paciente, una especie de resignación injustificada.

El caso **VALERIA C.**

VALERIA tiene 32 años pero parece mucho menos. No se arregla tratando de no ser atractiva. Está casada hace 4 años y ha decidido no tener hijos. Tiene PSORIASIS desde los 6 años. Ahora tiene ampollitas en la espalda. Le cuesta mucho alcanzar el orgasmo y debe hacerlo con estimulación especial.

Lo que aparece es que su papá (muerto hace 10 años) hacía que ella lo masturbe desde los 5-6 años. Él también se lo hacía a ella para excitarla y lograr su colaboración. A los 14 años quiso penetrarla cosa que ella rechazó. Probablemente en ese momento resolvió que no quería quedar embarazada.

El padre gustaba de apoyarle su pene en parte trasera y frotarse contra sus glúteos y eyacularle en la espalda.

Exactamente en esos sitios que mojaba con su semen son aquellos donde Valeria desarrolló su psoriasis.

La psoriasis desapareció luego de la terapia.

El caso VICTORIA C.

VICTORIA tiene 60 años. Vive en una ciudad grande del interior. Acude a uno de nuestros cursos de hipnosis de 5 días en Buenos Aires.

En cada curso yo realizo a modo de ejemplo una inducción hipnótica, una regresión a vida pasada y una regresión a la niñez. Además de eso, doy dos o tres terapias a pedido de los alumnos para ayudarlos a ellos y para que los alumnos vean trabajos en vivo, no seleccionados.

Victoria me dice que le faltan 3 materias para recibirse de doctora, pero que no se anima a darlas. *"Quizás no tengo suficiente vocación"* me dice, y le contesto: *"**Mira, si de algo estoy seguro es de tu vocación. Porque para estudiar Medicina hace falta mucha vocación. Y para estudiarla a los 60 es necesaria mucha más vocación que la común"**.*

Supuse, antes del trabajo, que lo que había era miedo al cambio de estado: no es lo mismo ser estudiante de medicina que ser médico.

Lo que apareció fueron abusos por parte de un tío cuando era niña. Esa niña se sintió sucia, culpable, mala. Y el castigo que eligió para sí misma fue no tener éxito. Y recibirse era, sin dudas, tener ese éxito prohibido.

Cinco meses después del curso, nos envió un mail a todos comunicándonos que se había recibido.

El Caso **FRANCISCA H.**

Conocí a FRANCISCA en un curso que hizo, en España, unos días antes de una operación planificada porque tenía incontinencia urinaria. Cuando estaban informando del trabajo entre compañeros le comenzó a bajar a su mente información retenida y entró en una crisis de llanto. Comencé a hacerle hipnosis en la ronda, sentada en la silla común y se fue deslizando al suelo, adonde la acompañé.

Francisca había cumplido exactamente el circuito de la culpa: Fue estimulada por un tío durante un tiempo. Eso despertó su clítoris alrededor de los 6 años, mucho antes de lo previsto por la naturaleza. Comenzó a masturbarse, pero sin ocultarse, sin pudor. Aprendió a hacerlo simplemente moviéndose dentro de sus pantalones de jean, con el raspado de la tela.

Hasta que fue descubierta y severamente reprendida. Le resultó muy difícil dejar de hacerlo y casi simultáneamente comenzó a tener problemas urinarios.

Ya de adulta los problemas siguieron creciendo. Probablemente debido a que su vida sexual era inexistente desde hacía tiempo pese a que seguía estando casada, y a que se masturbaba con mucha culpa. La operación quirúrgica que estaba por enfrentar era ya la tercera en esa zona corporal: le estaban por colocar una malla para sostener el piso pélvico.

Retirarle la culpa por la masturbación fue liberador. Por la que practicaba de niña y por la que elegía como opción, de adulta. En los 5 o 6 años desde que la conozco, ha venido a visitarnos a casi todos los cursos que dictamos dos veces al año en la ciudad de Madrid.

El caso ANA MARIA L.

La hemos mencionado en los agradecimientos, ya que es quien denominó a nuestra tarea como ATRAPADORES DE CULPA.

Un párrafo de su testimonio, que nos autorizó a publicar con su nombre real dice:

"A mí también me tocaron. A mí también me hicieron masturbarme. Era un primo de mi madre, a cuya casa me obligaban a ir. Él tenía un taller de carpintería y allí me dejaban para que cuidara de mí. Mi edad: 6 años. Yo solo quería salir de allí y correr. Pero no lo hacía.

Aquello que yo no había visto jamás era rojo, muy rojo. Y asqueroso, muy asqueroso. Y grande, Pero allí estaba yo, con mi vestido blanco, sin saber bien qué pasaba.

Y efectivamente pasó: La masturbación constante, la suciedad y el asco por mí misma, sucia y vacía. Aquello era feo y yo era fea, feísima.

A los 16 años, vi en el espejo a un demonio espantoso. Estuve un año sin mirarme al espejo. Yo no estaba: mi cara era lo más feo del mundo, yo era la mujer más fea del mundo y encima estaba endemoniada. Yo tenía un demonio dentro. Mil veces tuve un cuchillo entre las manos, arrodillada ante un Cristo, le pedía que me ayudara a suicidarme y acabar con ese ser"...

En el caso de Ana María, la consecuencia fue odiar profundamente a esa niña que llevaba dentro, hasta ese curso donde entendió, por fin, que ella no había sido ni era un monstruo, que esa niña era una víctima, solamente una víctima...

El caso MARIANA R.

MARIANA acude a mi consultorio acompañada por ERNESTO, su marido. Hace 3 años que están casados y él no ha conseguido nunca penetrarla. Tienen vida sexual: oral y anal, pero nunca ha tenido acceso a su vagina y quieren solucionarlo para poder buscar un hijo. No ha podido ser revisada por un ginecólogo, ya que no consigue pasarle ni siquiera un espéculo infantil.

Una vez en regresión aparecen dos episodios de violación digital, con el dedo índice, por parte del tío JUAN, que es, además, su padrino, cuando ella tiene 6 o 7 años. Y al momento de revivirlo me dice: *"¡No es posible! ¡Si el tío Juan es muy bueno!"*.

Lo que su mente ha resuelto simultáneamente, es borrar el recuerdo de esos episodios y tomar una resolución: "Aquí, no entra nadie más".

Fueron precisas más sesiones que lo usual en este caso, pero pudieron normalizar su vida de pareja.

El caso MIRTHA N.

MIRTHA de 42 años, es una médica colombiana que asistió a un curso en Ecuador hace más de 10 años. Sufría de "Hiperhidrosis", transpiración profusa de las palmas de sus manos. Cuando me estaba contando sus males, yo veía —incrédulo— caer gotas de sus manos que comenzaron a mojar el piso. Nos contó que mientras cursaba la universidad, al momento de rendir exámenes escritos, le facilitaban hojas de repuesto porque ya sabían que algunas se les iban a mojar hasta hacerlas ilegibles.

A esa altura de su vida había probado todos los recursos de la medicina, lógicamente, además de los alternativos, sumado a conjuros, pócimas mágicas y brujerías.

¿Qué apareció? El lector puede adivinarlo: Contactos sexuales en la infancia. ¿Cuál fue la consecuencia de ese síntoma que arrancó desde muy joven?: que nadie quisiera tener contacto físico con ella. Lo que le servía para su protección, también le servía para proteger a los otros de ella. Si usted se cayera en el barro y se encontrara con una persona vestida de blanco... ¿La abrazaría? ¡Seguro que no! Pero no sería para protegerse de ella, sino para protegerla a ella, de usted.

Eso le sucedía a Mirtha: se sentía sucia, intrínsecamente SUCIA.

Un mes después del curso, recibimos un mail donde nos decía que "extrañaba la transpiración", que sentía "un extraño picor en sus manos, porque estaban secas como nunca antes"...

El caso SUSANA C.

SUSANA de 41 años es locutora. En alguna de sus parejas ha tenido un aborto espontáneo. Muchas veces ese tipo de aborto genera en algunas mujeres la misma culpa que los voluntarios, porque en algún momento del embarazo sintieron interiormente rechazo, y el "pensamiento mágico" que todos tenemos le hace creer que ella fue la causante por no haberlo deseado bastante.

Está sin pareja, y planea hacerse un implante para ser madre soltera, aunque ya le falló un intento.

Me dice que cuando se masturba se siente una "niña puta y sucia".

En la regresión se ve de 5 años yendo con su hermana Carla, 3 años mayor, a casa del Tío Lucas, quien es, además, su padrino. Van todas las tardes. El tío les enseña su pene, luego les enseña a masturbarlo. Ella y su hermana comienzan también a tocarse a sí mismas. Cuando llega la comunión temen confesarse porque se sienten sucias. No se lo dice a nadie *"porque*

Dios me va a castigar".

Cuando le pregunto cuál es el castigo, me cuenta que el tío hace que lo acaricien, que luego mete el dedo, que luego penetra a su hermana delante de ella y que finalmente lo hace con ella a los 8 años: *"Es muy grande y pesa mucho. Duele"*, dice.

Susana no recordaba nada de esto. El implante de embrión ha sido muy exitoso y es ahora madre de una hermosa niña.

El caso VALERIA

VALERIA tiene 43 años y ha asistido al mismo curso donde JACINTA salió corriendo a llorar al baño, luego de pasar la filmación de la terapia a BLANCA. Cuando termina el curso, sin saber por qué, entra en crisis, y durante días tiene accesos de llanto por razones que desconoce.

Cuando viene a la consulta me cuenta que su vida sexual es horrible, que para tener orgasmos se tiene que ayudar a sí misma. Que si no, está seca, Y que su pareja para poner penetrarla por primera vez, debió llevarla a hoteles durante más de tres meses, que no podía hacerlo porque le dolía. Y que hasta la fecha hace el amor con la luz apagada.

Aparece en la regresión, una pareja de su madre: "ARIEL", que según su hermano "era muy bueno" y que comenzó a estimularla desde los 6 años, logrando su colaboración, hasta que un día la penetró un poquito y se interrumpió porque le causaba dolor. La próxima vez, le dijo que *"Esta vez no te a doler, te va a gustar mucho"*... Le tapó la boca y le introdujo totalmente el pene, causándole un dolor grande.

Hasta el día de hoy ella, cuando concluye una relación siente un dolor muy grande en el fondo de la vagina.

Un caso es similar a todos los casos...

Como se dan cuenta, hay algo que se repite en todos los casos mencionados: la criatura queda encerrada en la culpa y se inventa castigos para sí misma.

Además, muchas veces han intentado contar y han sido castigadas o simplemente no le han creído. Lo cual no ha hecho sino empeorar las cosas. O como en otro caso: el de MARCELA L., ella, que carece de papá por su fallecimiento, está al cuidado de una tía que observa huellas de su zona anal. La niña le confiesa acerca de los juegos mantenidos con otro tío, pidiéndole que por favor guarde el secreto. Pero cuando la tía lo plantea en la familia y hacen un careo, la mayoría prefiere "no creer" y se crea una profunda división familiar, que se convierte en una nueva culpa para Marcela. Que además de una pobre vida sexual se convierte en una adulta sumisa y callada porque "aprendió" cuál es el costo de defenderse y hablar...

Reitero: no estoy describiendo una ley universal que debe aparecer siempre. Estoy diciendo que esto sucede muchas veces, y que el profesional que atienda debe estar informado y preparado para identificar y reparar el daño.

Y AHORA... ¿QUÉ?

Ha llegado el momento de la verdad. Nuestra paciente ha podido recordar lo que le sucedió *realmente*.

¿Y qué puede hacer con eso? ¿A quién se lo puede contar? ¿Quién le va a creer?

Para poder dar respuesta a esto, es preciso hacer un resumen de lo sucedido: Una niña ha sido tocada por un adulto, que seguramente tenía algún ascendiente sobre ella. Ello le ha causado simultáneamente sensaciones placenteras y mucha culpa. Generalmente ha durado bastante tiempo y cuando terminó —muchas veces con dolor y sangre, o con escándalo familiar, o con la muerte o el alejamiento del violador— la menor ha quedado sumida en la culpa, y se siente "**puta**", que es la palabra que a su edad resume todo lo sucio que una mujer puede llegar a ser y generalmente se aísla de sus compañeras porque se siente distinta, en un sentido de "peor", y se inventa castigos, castigos que van desde "nunca voy a ser mamá y tener una familia" a enfermedades, usualmente de la familia de las autoinmunes.

Todo esto acompañado de amnesia. Lo que ocurrió, no ocurrió. Y además, sin saber conscientemente porqué, la autoestima le desciende o desaparece del todo. Y a partir de ese momento, cada vez que puede elegir para sí, opta por lo peor.

Lo que le sucedió entonces es... terrible. Pero lo que sigue es... peor. Era una niña vulnerable y ha sido víctima de ataques a su persona. Pero eso duró una cierta cantidad de tiempo y cesó, ya no sucede más. Pero lo inimaginable —y de eso trata este libro— es que esa niña que ha sido indudablemente la víctima se considera **culpable**, y se ha impuesto a sí misma castigos de por vida, castigos que seguramente la acompañarán hasta su ancianidad y su muerte, si no los identificamos e interrumpimos. Y esa es nuestra responsabilidad como profesionales.

¿A quién se lo digo?

Hay dos casos distintos a considerar:

Si el ofensor ha muerto

Ha sido su abuelo, o su tío, o su padre, o el padrino, o el señor que vivía en el fondo, o cualquiera en quien la madre o los padres confiaban.

"¿Cómo se lo puedo decir a mi mamá? Le causaría un dolor inmenso. O peor aún: no me creería.

Entonces, mejor no se lo cuento" es lo que suelen decir.

Queremos usar, a modo de ejemplo un párrafo de uno de los mails que intercambiamos con Blanca, nuestra paciente de fibromialgia:

"DEBES HABLAR CON TU MADRE.

Mientras no lo hagas, Blanquita no se va a sentir defendida como corresponde. En realidad

Blanquita debió haber hablado con su mamá cuando esto ocurrió, pero era una niña confundida y con mucho miedo y con mucha soledad.

Pero ahora Blanquita tiene quien la comprende: Blanca… y también a Paco, tu marido.

Y si Blanca no se anima a enfrentar a su madre y confesarle lo que le ocurrió a Blanquita, el mensaje que le estás pasando a tu hija Mercedes es "Si te llegara a pasar algo así, no me lo cuentes". Y no creo que ese sea tu deseo.

No es necesario que la confrontes a tu mamá y ni siquiera es preciso que te crea.

PERO ES IMPRESCINDIBLE QUE SE LO CUENTES.

Es tu dolor. Tú eres su hija. Temes que no te crea, o que no te comprenda o que inclusive abomine de ti. Pero si no le das la oportunidad, la estás condenando como si ya hubiera tenido alguna de esas reacciones".

Luego de casi un año se atrevió, y tuvo la suerte de recibir todo su apoyo.

Y decimos "la suerte", porque no siempre es

así. Muchas veces, las familias reaccionan como grupos cerrados que se defienden y expulsan de su seno al que dejó de fingir que nada malo ocurre. Al respecto, les podemos aconsejar que busquen por Internet la película dinamarquesa: "La celebración" ("Festen") de THOMAS VINTENBERG, del año 1998, donde podemos ver cómo reacciona una familia de clase alta, ignorando una denuncia de violaciones, de un joven contra su padre.

Lo más importante es lo que sucede adentro de nuestra paciente, entre su parte adulta y su parte niña. Debemos insistir en que no tiene que sentir vergüenza por lo que le pasó, como no tendría vergüenza de haber sido atropellada por un coche. En ambos casos, no hay nada que la niña hubiera podido hacer para evitarlo...

No olvidemos que la parte niña de nuestra paciente está muy pendiente de registrar si *realmente* la parte adulta la acepta. Y no sirve que la "disculpe" porque eso significaría que, efectivamente tuvo todo o parte de culpa, sino que la comprenda y le brinde, retrospectivamente, la protección de la que careció oportunamente. No nos olvidemos que esa niña avergonzada y culposa, se ha pasado muchísimo tiempo escondida detrás de un síntoma.

¿Y si el ofensor aún vive?

No tengo una respuesta aplicable a los distintos casos. En cada uno habrá que analizar de manera conjunta lo que le resulta más conveniente a nuestra paciente.

Para explicar mi posición, les digo cual creo que es nuestra misión principal:

Se ha cometido un delito y **han detenido a la víctima** y la han metido en la cárcel, quizás con trabajos forzados. Nuestra tarea, en la que debemos enfocarnos, es sacar de la cárcel a la persona inocente. Si además podemos ayudar a que el delincuente termine entre rejas, mejor. Pero, no olvidemos, insisto, en que nuestro cometido es **LIBRAR A LA PERSONA INOCENTE QUE, ADEMÁS DE SER LA REAL VÍCTIMA, ESTÁ PURGANDO UNA CONDENA.**

Por si la analogía no fue bastante clara:

nuestro objetivo es que nuestra paciente deje de tener jaqueca o fibromialgia o se sienta una basura que no merece ser feliz.

Si *además*, logramos que el violador, acosador o pederasta concluya condenado socialmente o entre rejas, tanto mejor.

Pero lo más importante para nosotros es liberar al inocente.

¿Lo denunciamos penalmente?

Yo sé que, afortunadamente, estamos atravesando una época de reivindicaciones jurídicas, pero prefiero adelantarles yo mismo algunas **malas noticias:**

En hipnosis es posible mentir o fabular (si no fuera así, todas las policías del mundo contratarían hipnotizadores para interrogar a los sospechosos. Y si dicen que son inocentes, no los molestarían más...).

Por esa razón, el mero testimonio surgido en hipnosis no es, por sí mismo, una prueba en un juicio.

No obstante, la filmación de una regresión

nos puede convencer de su veracidad por la fuerza de las emociones que aparecen (sugiero que miren el primer track en **www.hipnosiscli-nicareparadora.com/dvdlibro** para entenderlo mejor) y puede ser utilizada como *principio de prueba* junto a otros elementos en un eventual juicio.

Finalmente, les pido perdón a mis lectores, porque quiero dar un mensaje personal a alguien. No hay problemas de que lo lean también ustedes, pero es personal:

MENSAJE PERSONAL A LA LECTORA

Este mensaje es personal y va dirigido especialmente a ti.

Sé que en algún momento de la lectura del libro, la cabeza comenzó a dolerte hasta sentir que estallaba: es lo usual en cualquier regresión cuando en nuestra cabeza se enfrentan dos de nuestras sub-personalidades: Una tratando de recordar todo y la otra intentando que nada cambie, que todo continúe como hasta ese momento.

Y que seguramente a partir de ese momento comenzaste a entender muchas cosas: por qué nunca le dejaste tus niños a nadie, o por qué te casaste con alguien que, interiormente, sabías que te haría desgraciada. Por qué una de las voces que habitan nuestras cabezas te repetía cada vez que algo malo o doloroso te sucedía: "¿De qué te quejas, si tú te lo buscaste?".

Y que a partir de entonces estallaste en llanto muchas veces. Y enterraste el libro por un tiempo, o te lo devoraste hasta su última página.

Es algo que sucede muchas veces en nuestros cursos: lo que sucede frente a nuestros ojos resuena dentro nuestro con un recuerdo prohibido, y el dique interior se rompe, y las mentiras quedan al descubierto, y la niña que ha estado sepultada bajo los escombros, en silencio para pasar inadvertida, escucha los pasos de los que han venido en su búsqueda, porque saben que está allí y que precisa ayuda.

Pero cuando este estallido de luz te sucedió, no estaba allí Nelly (ese ángel protector que me acompaña) para correr a consolarte y a darte un vaso de agua como hace en nuestros cursos, y no estaba yo para tomar tu mano o para darte un abrazo y para ayudarte a terminar de vomitar tu triste historia y dar vuelta la hoja y comenzar una nueva vida, ni estaban tus compañeros que curso tras curso tejen una red de contención amorosa, para que nadie salga lastimado.

Estabas sola...

Lo siento. Siento haber colaborado a que esta dura experiencia la hayas tenido que atravesar de esa manera.

Pero créeme que ya lograste lo más difícil. A partir de este momento sabes y entiendes qué te pasó y porqué. Y quiero darte unas pocas instrucciones...

Ve a buscar ahora mismo una almohada o un almohadón en particular. Dale. Yo te espero...

... Abraza ese almohadón...

Ya te hemos dicho que en tu cuerpo conviven tu parte adulta y tu parte niña. Por eso, al momento que lo abrazas, deposita imaginariamente en ese almohadón a tu parte niña.

Si te llamas Ana, por ejemplo, imagina que ahí, entre tus brazos está Anita. En ese mismo instante te has disociado y la que está abrazando es Ana, la adulta, la que tiene recursos.

Acaricia a Anita. Consuélala. Dile que la

quieres y la comprendes. Prométele que NUNCA MÁS le va a suceder algo como lo que le pasó, porque tú, ANA, lo vas a impedir...

Si tienes hijas, nietas, sobrinas o hijas de conocidas, te va a resultar más fácil entender que Anita fue solamente una víctima, aunque se sintió responsable. No hacen faltan demasiados argumentos, porque el problema no es intelectual sino afectivo... Anita precisa muchas caricias. Si tienes hijos, adóptala. Piensa que a partir de ahora tienes una hija más.

Lleva ese almohadón a la cama cada noche durante mucho tiempo, y dale tu amor. Duérmete abrazándolo...

Y si dentro tuyo aparecen ideas negativas, como: "no te van a querer", "no te lo mereces", "algo es demasiado bueno para vos", etc., quiero que sepas que ese pensamiento proviene de Anita: corre entonces a buscar tu almohadón y no lo retes: abrázalo, y dile: "No, mi amor... Nos merecemos lo mejor y lo vamos a conseguir"...

Además, comparte esto con el profesional que te asista. No te digo que nos llames porque no sé en qué ciudad de qué país estas leyendo esto. Pero cualquier profesional al que lo hagas partícipe de tu historia podrá adecuar sus recursos y ayudarte. Eventualmente préstale este libro para que entienda de qué estás hablando...

La pesadilla terminó...

Por fin despertaste. Ser feliz es posible.

Y vale la pena el esfuerzo...

Las autoimPUTAdas son solamente una parte de las personas que se infligen castigos a sí mismas por culpas imaginarias. Pero sentimos la urgencia de tratar este tema específico por la amplia difusión del **#MeToo**.

Prometemos para dentro de no mucho la segunda parte de los **"ATRAPADORES DE CULPAS"**. Pero les decimos desde ya a los profesionales a quienes va también destinado este libro:

Busquen las culpas infantiles y sus autocastigos detrás de cualquier síntoma raro que no remita con los tratamientos usuales.

Y aunque no sea lo usual, reiteramos el pedido que incluimos en la tapa:

Si este libro llegó a tus manos,
por favor COMPÁRTELO:
Hay alguien que precisa leerlo
aunque aún no lo sepa.

Armando M. Scharovsky

SOBRE EL AUTOR

El Licenciado ARMANDO SCHAROVSKY es un psicólogo argentino que ha desarrollado formas originales de aplicar la hipnosis, que ha bautizado HIPNOSIS CLÍNICA REPARADORA ®.

Utiliza trances no profundos, donde el paciente jamás está inconsciente, como una herramienta de investigación, buscando el trauma escondido detrás de cada síntoma.

Ha encontrado la manera de dialogar con el inconsciente de sus pacientes, evocando y reviviendo los trozos de historia que fueron borrados y reemplazados por síntomas.

Así, pudo constatar que muchísimas mujeres que han arrastrado a lo largo de su vida dolencias físicas y psíquicas de toda índole, han sido abusadas o violadas a lo largo de años pero no lo recuerdan: lo ignoran.

Y precisamente de eso trata este libro...

ÍNDICE

www.ingramcontent.com/pod-product-compliance
Lightning Source LLC
LaVergne TN
LVHW091448170726
843492LV00001B/87